가장 쉬운
초등 영작문
하루 4문장 쓰기

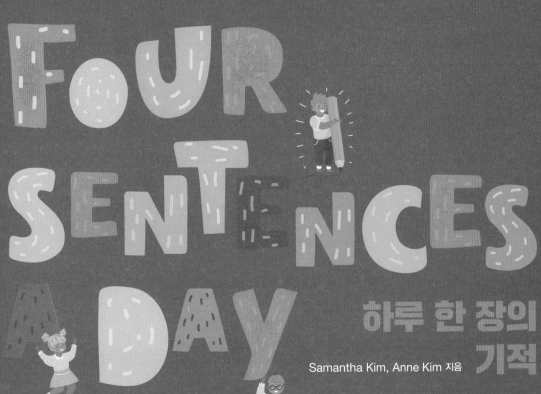

FOUR SENTENCES A DAY

하루 한 장의 기적

Samantha Kim, Anne Kim 지음

동양북스

가장 쉬운
초등 영작문
하루 4문장 쓰기

초판 1쇄 발행 | 2019년 11월 8일
초판 5쇄 발행 | 2023년 12월 1일

지은이 | Samantha Kim, Anne Kim
발행인 | 김태웅
책임편집 | 황준
디자인 | MOON-C design
마케팅 | 나재승
제 작 | 현대순

발행처 | (주)동양북스
등 록 | 제 2014-000055호
주 소 | 서울시 마포구 동교로 22길 14 (04030)
구입 문의 | 전화 (02)337-1737   팩스 (02)334-6624
내용 문의 | 전화 (02)337-1763   dybooks2@gmail.com

ISBN 979-11-5768-558-5 (63740)

ⓒ Samantha Kim, Anne Kim, 2019

▶ 본 책은 저작권법에 의해 보호를 받는 저작물이므로 무단 전재와 복제를 금합니다.
▶ 잘못된 책은 구입처에서 교환해드립니다.
▶ 도서출판 동양북스에서는 소중한 원고, 새로운 기획을 기다리고 있습니다.
   http://www.dongyangbooks.com

라이팅을 왜 해야 하나요?

정보를 받아들이는 데는 듣기(Listening)와 읽기(Reading) 두 가지 방법이 있습니다. 이와 반대로 자신의 생각과 의견을 말하는 방법은 바로 말하기(Speaking)와 쓰기(Writing)가 있습니다. 그런데 학년이 올라갈수록 말하기뿐 아니라 쓰기로 자신의 생각과 의견을 표현하는 것이 중요합니다. 아카데믹 스킬을 기르는 기초가 되기 때문입니다.

일기를 쓰면서 라이팅 연습을 해도 되지 않을까요?

일기를 쓰면서도 영작 연습을 할 수 있습니다. 하지만 일기는 개인적인 면을 다룬 것이고 실제 학교에서 쓰는 글쓰기의 핵심은 개인적인 것을 넘어 자신의 생각과 의견을 말하고 또 토론하면서 다른 사람을 설득하는 것입니다. 바로 이런 목적으로 쓰는 라이팅이 오피니언 라이팅(Opinion Writing)입니다.

꼭 오피니언 라이팅을 연습해야 하나요?

영미권의 아카데믹 라이팅은 정해진 형식이 있습니다. 바로 의견-이유 또는 예시-결론의 순서를 따르는 것입니다. 어떤 의견이든 이유나 근거가 없으면 다른 사람을 설득할 수 없고, 그래서 자신의 의견을 말하는 것도 힘을 잃게 됩니다. 의견을 말하고 이유나 근거를 생각해서 이야기하는 논리적인 글쓰기는 연습을 통해서만 길러집니다.

오피니언 라이팅을 잘하려면 어떻게 해야 할까요?

먼저 논리적으로 잘 되어 있는 오피니언 라이팅 글을 많이 읽어야 합니다. 그리고 그 글을 모델로 해서 자신의 생각과 의견을 넣어 연습하는 과정을 거쳐야 합니다. 그렇게 연습하다 보면 이유나 근거를 제시하는 논리력이 향상되어 쉽고 효과적인 설득을 할 수 있는 글쓰기를 할 수 있습니다.

왜 하루 4문장일까요?

오피니언 라이팅을 가장 단순하고 쉽게 연습할 수 있게 고안한 하루 4문장 쓰기를 매일 해보세요. 의견-이유나 예시-결론으로 이루어진 4문장을 잘 쓸 수 있다면 여기에 살을 덧붙여 8문장 쓰기, 거기서 더 나아가 문단 글쓰기도 할 수 있습니다. 하루에 딱 4문장이면 됩니다.

1 Opinion Writing Model

흥미롭고 재미있는 50개의 주제들로 오피니언 라이팅의 기초를 다질 수 있습니다. 먼저 삽화와 함께 제시된 오피니언 라이팅의 모델을 읽어봅니다. 글을 여러 번 읽으면서 라이팅의 구조를 자연스럽게 익힙니다.

'표현 익히기 → 빈칸 채우기 → 영어로 문장 만들기 → 오피니언 라이팅 쓰기' 등 순서대로 따라가다 보면 처음 라이팅을 접하는 학생들도 쉽게 라이팅을 할 수 있게 됩니다. 추가 표현을 익히면서 나만의 표현들을 확장시켜 나가세요. 사전이나 인터넷을 활용하면서 주제별로 자신만의 표현집을 만들어 보는 것도 어휘를 늘려나가는 좋은 방법입니다.

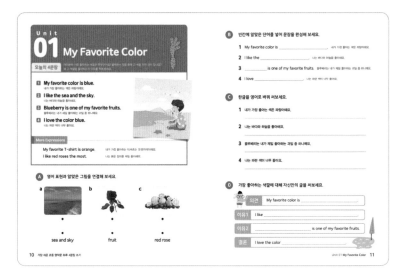

2 Review

리뷰에서는 앞에서 배운 내용을 복습합니다. 새로운 표현을 내 것으로 만들기 위해서 여러 번의 반복 학습이 중요합니다. 리뷰는 단어, 문법, 논리력 등을 확인할 수 있는 다양한 문제들로 구성했습니다. 내가 쓴 글들을 다시 써보거나 말로 해보는 것도 좋은 복습 방법이 됩니다.

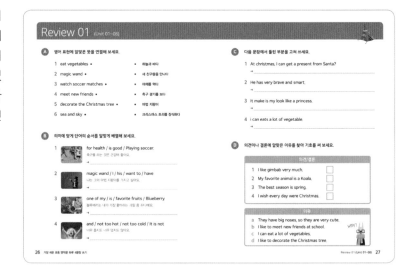

3 Writing Tip

라이팅 팁에서는 오피니언 라이팅(Opinion Writing), 구두법(Punctuation), 연결어(Linking Words), 문장을 시작할 때 쓰는 표현(Sentence Starters), 체크리스트(Check List) 등 라이팅의 완성도를 높이는데 필요한 팁을 제공합니다. 라이팅 팁을 여러 번 읽으면 훨씬 더 쉽게 영어로 된 글을 쓸 수 있습니다.

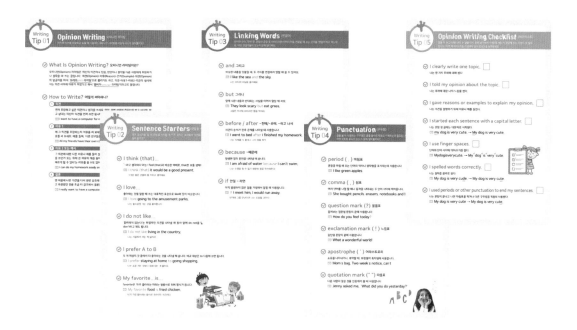

🌸 부록 1 본문 MP3

오피니언 라이팅 모델(Opinion Writing Model)과 추가 표현(More Expressions)의 내용을 원어민이 녹음하여 제공합니다. 듣고 따라 읽다 보면 라이팅뿐만 아니라 스피킹 할 때도 도움이 많이 됩니다.

🌸 부록 2 받아쓰기 노트(Dictation Sheet)

본문 MP3를 받아쓰기 할 수 있는 테스트지를 제공합니다. 복습할 때나 TEST 할 때 다운받아서 활용하세요.

 CONTENTS

Opinion Writing 오피니언 라이팅

자신의 의견을 주장하고 싶을 때 사용하는 오피니언 라이팅을 어떻게 쓰는지 알아볼까요?

✓ What Is Opinion Writing? 오피니언 라이팅이란?

오피니언(Opinion) 라이팅은 자신의 의견이나 믿음, 판단이나 생각을 다른 사람에게 주장하거나 설득할 때 쓰는 글입니다. 의견(Opinion)-이유(Reason)-근거(Example)-의견(Opinion)의 앞글자를 따서 '오레오OREO 라이팅'으로 불리기도 하고, 의견-이유1-이유2-의견의 형식에서는 의견 사이에 이유가 끼었다고 해서 '햄버거hamburger 라이팅'이라고도 불립니다.

✓ How to Write? 어떻게 써야하나?

① 의견

먼저 주장하고 싶은 의견이나 생각을 쓰세요. 만약, 이번 생일에 컴퓨터를 받고 싶다면, 받고 싶다는 자신의 의견을 먼저 쓰면 됩니다.

ex I want to have a computer for my birthday present.

② 이유 1

왜 그 의견을 주장하는지 이유를 써 보세요. 왜 컴퓨터를 갖고 싶은지 부모님을 설득할 이유를 써 보세요. 예를 들어, '다른 친구들은 모두 컴퓨터가 있어요'라고 말할 수도 있겠죠.

ex All my friends have their own computers.

③ 이유 2 또는 예시

그 의견에 대한 다른 이유나 예를 들어 설명해보세요. 컴퓨터 게임을 갖고 싶은 다른 이유를 쓰던가 또는 위에 쓴 이유의 예를 들어 보세요. '만약 컴퓨터가 있다면 숙제를 더 쉽고 빠르게 할 수 있다'는 이유를 쓸 수도 있어요.

ex I can do my homework easily and quickly.

④ 결론

맨 처음에 나온 의견을 다시 한번 강조해서 써 보세요. 처음에 생일에 컴퓨터를 받고 싶다고 주장했던 것을 조금 더 강조해서 결론을 내리면 됩니다.

ex I really want to have a computer for my birthday.

PART

1

My Favorites

오늘의 4문장

여러분이 가장 좋아하는 색깔은 무엇인가요? 좋아하는 것들 중에 그 색을 가진 것이 있나요?
왜 그 색깔을 좋아하는지 이유를 적어 보세요.

1 **My favorite color is blue.**
내가 가장 좋아하는 색은 파랑이에요.

2 **I like the sea and the sky.**
나는 바다와 하늘을 좋아해요.

3 **Blueberry is one of my favorite fruits.**
블루베리는 내가 제일 좋아하는 과일 중 하나예요.

4 **I love the color blue.**
나는 파란 색이 너무 좋아요.

More Expressions

My favorite T-shirt is orange.   내가 가장 좋아하는 티셔츠는 오렌지색이에요.

I like red roses the most.   나는 붉은 장미를 제일 좋아해요.

A 영어 표현과 알맞은 그림을 연결해 보세요.

a

b

c

•   •   •

•   •   •

sea and sky   fruit   red rose

B 빈칸에 알맞은 단어를 넣어 문장을 완성해 보세요.

1 My favorite color is _____. 내가 가장 좋아하는 색은 파랑이에요.

2 I like the _____. 나는 바다와 하늘을 좋아해요.

3 _____ is one of my favorite fruits. 블루베리는 내가 제일 좋아하는 과일 중 하나예요.

4 I love _____. 나는 파란 색이 너무 좋아요.

C 한글을 영어로 바꿔 써보세요.

1 내가 가장 좋아하는 색은 파랑이에요.

_____

2 나는 바다와 하늘을 좋아해요.

_____

3 블루베리는 내가 제일 좋아하는 과일 중 하나예요.

_____

4 나는 파란 색이 너무 좋아요.

_____

D 가장 좋아하는 색깔에 대해 자신만의 글을 써보세요.

| 의견 | My favorite color is _____. |

| 이유1 | I like _____. |

| 이유2 | _____ is one of my favorite fruits. |

| 결론 | I love the color _____. |

Unit 02 My Favorite Food

여러분은 매일 먹어도 또 먹고 싶은 음식이 있나요? 가장 좋아하는 음식에 대해 생각해봐요.
어떤 음식을 가장 좋아하는지, 왜 좋아하는지 이유를 생각해 보세요.

1. **I like gimbab very much.**
   나는 김밥을 매우 좋아해요.

2. **It is good for picnics.**
   그것은 피크닉에 음식이에요.

3. **I can eat a lot of vegetables.**
   나는 야채를 많이 먹을 수 있어요.

4. **I think I want to eat gimbab for lunch every day.**
   나는 김밥을 매일 점심마다 먹고 싶다고 생각해요.

More Expressions

I like to eat noodles.   나는 국수먹는 것을 좋아해요.

They are good to eat in hot weather.   국수는 더운 날씨에 먹기 좋아요.

 A 영어 표현과 알맞은 그림을 연결해 보세요.

a

b

c

eat vegetables   lunch   picnic

B 빈칸에 알맞은 단어를 넣어 문장을 완성해 보세요.

1 I like _____ very much. 나는 김밥을 매우 좋아해요.

2 It is good for _____. 그것은 피크닉에 좋은 음식이에요.

3 I can eat _____. 나는 야채를 많이 먹을 수 있어요.

4 I think I want to eat gimbab _____.
나는 김밥을 매일 점심마다 먹고 싶다고 생각해요.

C 한글을 영어로 바꿔 써보세요.

1 나는 김밥을 매우 좋아해요.

_____

2 그것은 피크닉에 좋은 음식이에요.

_____

3 나는 야채를 많이 먹을 수 있어요.

_____

4 나는 김밥을 매일 점심마다 먹고 싶다고 생각해요.

_____

D 가장 좋아하는 음식에 대해 자신만의 글을 써보세요.

의견	I like _____ very much.
이유1	It is good for _____.
이유2	I can eat _____.
결론	I think I want to eat _____ every day.

Unit 03 My Favorite Sport

오늘의 4문장 여러분이 가장 좋아하는 운동은 무엇인가요? 그 운동을 왜 좋아하는지, 생각해 본 다음 이유를 적어 보세요.

1 **I love soccer.**
나는 축구를 좋아해요.

2 **I like to play soccer with my friends.**
나는 친구들과 축구하는 것을 좋아해요.

3 **Playing soccer is good for my health.**
축구를 하는 것은 건강에 좋아요.

4 **My favorite sport is soccer.**
내가 가장 좋아하는 운동은 축구예요.

More Expressions

I like to watch soccer matches.   나는 축구 경기를 보는 것이 좋아요.

It makes me feel happy.   그것은 나를 행복하게 만들어요.

 A 영어 표현과 알맞은 그림을 연결해 보세요.

a

b

c

good for health   play soccer   watch soccer matches

B 빈칸에 알맞은 단어를 넣어 문장을 완성해 보세요.

1 I love _____. 나는 축구를 좋아해요.

2 _____ soccer with my friends. 나는 친구들과 축구하는 것을 좋아해요.

3 Playing soccer is _____ my health. 축구를 하는 것은 건강에 좋아요.

4 My _____ is soccer. 내가 가장 좋아하는 운동은 축구예요.

C 한글을 영어로 바꿔 써보세요.

1 나는 축구를 좋아해요.

_____

2 나는 친구들과 축구하는 것을 좋아해요.

_____

3 축구를 하는 것은 건강에 좋아요.

_____

4 내가 가장 좋아하는 운동은 축구예요.

_____

D 좋아하는 운동에 대해 자신만의 글을 써보세요.

| 의견 | I love _____. |

| 이유1 | I like to play _____. |

| 이유2 | _____ is good for my health. |

| 결론 | My favorite sport is _____. |

04. My Favorite Animal

여러분이 가장 좋아하는 동물은 무엇인가요? 그 동물을 왜 좋아하는지, 어떻게 생겼는지 생각해 본 다음 이유를 적어 보세요.

1. **My favorite animal is a koala.**
   내가 가장 좋아하는 동물은 코알라에요.

2. **I like to sleep and they like to sleep, too.**
   나는 자는 것을 좋아하고, 코알라도 자는 것을 좋아해요.

3. **They have big noses, so they are very cute.**
   코알라는 큰 코를 가져서 매우 귀여워요.

4. **I want to have a koala for a pet.**
   나는 코알라를 애완동물로 키웠으면 좋겠어요.

More Expressions

They have amazing stripes.	그들은 멋진 줄무늬를 가지고 있어요.
They can run really fast.	그들은 정말 빨리 달릴 수 있어요.

A 영어 표현과 알맞은 그림을 연결해 보세요.

a

b

c

•

•

sleep

big nose

koala

B 빈칸에 알맞은 단어를 넣어 문장을 완성해 보세요.

1 My favorite animal is a _____. 내가 가장 좋아하는 동물은 코알라에요.

2 I _____ and they like to sleep too.
나는 자는 것을 좋아하고, 코알라도 자는 것을 좋아해요.

3 They have big noses, so they are _____. 코알라는 큰 코를 가져서 매우 귀여워요.

4 I want to have a koala _____. 나는 코알라를 애완동물로 키웠으면 좋겠어요.

C 한글을 영어로 바꿔 써보세요.

1 내가 가장 좋아하는 동물은 코알라에요.

_____

2 나는 자는 것을 좋아하고, 코알라도 자는 것을 좋아해요.

_____

3 코알라는 큰 코를 가져서 매우 귀여워요.

_____

4 나는 코알라를 애완동물로 키웠으면 좋겠어요.

_____

D 가장 좋아하는 동물에 대해 자신만의 글을 써보세요.

| 의견 | My favorite animal is _____. |

| 이유1 | They like to _____. |

| 이유2 | They have _____, so they are very _____. |

| 결론 | I want to have _____. |

Unit 05 My Favorite Book

오늘의 4문장 한 권의 책을 여러 번 읽어도 재미있었던 책이 있나요? 여러분이 가장 좋아하는 책이 무엇인지 생각해보고 그 이유를 적어 보세요.

1 **My favorite book is Harry Potter.**
내가 가장 좋아하는 책은 해리포터예요.

2 **He is very brave and smart.**
그는 매우 용감하고 똑똑해요.

3 **I want to have his magic wand.**
나는 그의 마법 지팡이를 가지고 싶어요.

4 **I love to read the Harry Potter series.**
나는 해리포터 시리즈를 읽는 것을 정말 좋아해요.

More Expressions

I like science fiction novels. 나는 공상 과학 소설을 좋아해요.

I like the book because there are a lot of wonderful pictures. 나는 그 책을 멋진 그림이 많아서 좋아해요.

A 영어 표현과 알맞은 그림을 연결해 보세요.

a

b

c

● ● ●

● ● ●

brave magic wand smart

B 빈칸에 알맞은 단어를 넣어 문장을 완성해 보세요.

1 My favorite book is _____. 내가 가장 좋아하는 책은 해리포터예요.

2 He is very _____ and smart. 그는 매우 용감하고 똑똑해요.

3 I want to have his _____. 나는 그의 마법 지팡이를 가지고 싶어요.

4 I _____ the Harry Potter series. 나는 해리포터 시리즈를 읽는 것을 정말 좋아해요.

C 한글을 영어로 바꿔 써보세요.

1 내가 가장 좋아하는 책은 해리포터예요.

_____

2 그는 매우 용감하고 똑똑해요.

_____

3 나는 그의 마법 지팡이를 가지고 싶어요.

_____

4 나는 해리포터 시리즈를 읽는 것을 정말 좋아해요.

_____

D 가장 좋아하는 책에 대해 자신만의 글을 써보세요.

| 의견 | My favorite book is _____. |

| 이유1 | He/She is _____. |

| 이유2 | I want to _____. |

| 결론 | I love to read _____. |

Unit 06 My Favorite Season

오늘의 4문장

봄, 여름, 가을, 겨울 중에 가장 좋아하는 계절은 무엇인가요? 그 계절에는 무엇을 할 수 있나요? 그 계절을 좋아하는 이유를 생각해서 적어보세요.

1 **My favorite season is spring.**
내가 가장 좋아하는 계절은 봄이에요.

2 **I like to meet new friends and teachers at school.**
학교에서 새로운 친구들과 선생님을 만나는 것이 좋아요.

3 **It is not too cold and not too hot.**
날씨가 너무 춥지도 덥지도 않아요.

4 **The best season is spring.**
최고의 계절은 봄이에요.

More Expressions

I can go swimming in the sea.　　　　나는 바다에 수영하러 갈 수 있어요.

I like to make a snowman on snowy days.　　나는 눈 오는 날에 눈사람을 만드는 것이 좋아요.

A 영어 표현과 알맞은 그림을 연결해 보세요.

a

b

c

spring　　　　　　meet new friends　　　　　too hot

B 빈칸에 알맞은 단어를 넣어 문장을 완성해 보세요.

1 My favorite season is _____. 내가 가장 좋아하는 계절은 봄이에요.

2 I like to _____ and teachers at school.
학교에서 새로운 친구들과 선생님을 만나는 것이 좋아요.

3 It is not too _____ and not too _____. 날씨가 너무 춥지도 덥지도 않아요.

4 The _____ is spring. 최고의 계절은 봄이에요.

C 한글을 영어로 바꿔 써보세요.

1 내가 가장 좋아하는 계절은 봄이에요.

_____

2 학교에서 새로운 친구들과 선생님들을 만나는 것이 좋아요.

_____

3 날씨가 너무 춥지도 덥지도 않아요.

_____

4 최고의 계절은 봄이에요.

_____

D 가장 좋아하는 계절에 대해 자신만의 글을 써보세요.

| 의견 | My favorite season is _____. |

| 이유1 | I like to _____. |

| 이유2 | It is _____. |

| 결론 | The best season is _____. |

07 My Favorite Holiday

오늘의 4문장 일년 중에 가장 좋아하는 휴일은 언제인가요? 그 휴일에 무엇을 하는지 그리고 왜 좋아하는지 이유를 생각해서 적어 보세요.

1 **I like Christmas the best.**
나는 크리스마스를 가장 좋아해요.

2 **On Christmas, I can get a present from Santa.**
크리스마스에는 산타할아버지에게 선물을 받을 수 있어요.

3 **I like to decorate the Christmas tree.**
크리스마스 트리를 꾸미는 것을 좋아해요.

4 **I wish every day were Christmas.**
매일매일이 크리스마스였으면 좋겠어요.

More Expressions

I like to sing Christmas carols together.   나는 함께 크리스마스 캐롤을 부르는 것이 좋아요.

My mom makes a delicious cake on Christmas.   크리스마스에 엄마가 맛있는 케익을 만들어 줘요.

A 영어 표현과 알맞은 그림을 연결해 보세요.

a

b

c

make a cake   decorate the Christmas tree   have a present

B 빈칸에 알맞은 단어를 넣어 문장을 완성해 보세요.

1 I like _____ the best. 나는 크리스마스를 가장 좋아해요.

2 On Christmas, I can _____ from Santa.

크리스마스에는 산타할아버지에게 선물을 받을 수 있어요.

3 I _____ the Christmas tree. 크리스마스 트리를 꾸미는 것을 좋아해요.

4 I wish _____ were Christmas. 매일매일이 크리스마스였으면 좋겠어요.

C 한글을 영어로 바꿔 써보세요.

1 나는 크리스마스를 가장 좋아해요.

_____

2 크리스마스에는 산타할아버지에게 선물을 받을 수 있어요.

_____

3 크리스마스 트리를 꾸미는 것을 좋아해요.

_____

4 매일매일이 크리스마스였으면 좋겠어요.

_____

D 가장 좋아하는 휴일에 대해 자신만의 글을 써보세요.

| 의견 | I like _____ the best. |

| 이유1 | On _____, I can have _____. |

| 이유2 | I like to _____. |

| 결론 | I wish every day were _____. |

08 My Favorite Clothes

여러분이 가진 옷 중에서 가장 좋아하고 자주 입는 옷이 있나요? 그 옷이 무엇인지, 어떻게 생겼는지, 왜 좋아하는지 이유를 생각해 보세요.

1 **My favorite thing to wear is a pink skirt.**
내가 가장 입기를 좋아하는 옷은 분홍 치마입니다.

2 **It has white dots.**
그것은 하얀 점이 있어요.

3 **It makes me look like a princess.**
그 옷은 나를 공주처럼 보이게 만들어요.

4 **I like to wear my pink skirt.**
나는 분홍 치마를 입는 것이 좋아요.

More Expressions

I usually wear it when it rains.   나는 비올 때 주로 그것을 입어요.

My dad bought it for me as a birthday present.   아빠가 생일 선물로 그 옷을 사 주셨어요.

A 영어 표현과 알맞은 그림을 연결해 보세요.

a

b

c

pink skirt   white dots   princess

B 빈칸에 알맞은 단어를 넣어 문장을 완성해 보세요.

1 My _____ is a pink skirt.

내가 가장 입기를 좋아하는 옷은 분홍 치마입니다.

2 It has _____. 그것은 하얀 점이 있어요.

3 It makes me look _____. 그 옷은 나를 공주처럼 보이게 만들어요.

4 I _____ my pink skirt. 나는 분홍 치마를 입는 것이 좋아요.

C 한글을 영어로 바꿔 써보세요.

1 내가 가장 입기를 좋아하는 옷은 분홍 치마입니다.

_____

2 그것은 하얀 점이 있어요.

_____

3 그 옷은 나를 공주처럼 보이게 만들어요.

_____

4 나는 분홍 치마를 입는 것이 좋아요.

_____

D 가장 좋아하는 옷에 대해 자신만의 글을 써보세요.

| 의견 | My favorite thing to wear is _____. |

| 이유1 | It has(is) _____. |

| 이유2 | It makes me look like a _____. |

| 결론 | I like to wear my _____. |

Review 01 (Unit 01~08)

A 영어 표현에 알맞은 뜻을 연결해 보세요.

1 eat vegetables •   • 하늘과 바다

2 magic wand •   • 새 친구들을 만나다

3 watch soccer matches •   • 야채를 먹다

4 meet new friends •   • 축구 경기를 보다

5 decorate the Christmas tree •   • 마법 지팡이

6 sea and sky •   • 크리스마스 트리를 장식하다

B 의미에 맞게 단어의 순서를 알맞게 배열해 보세요.

1  for health / is good / Playing soccer.
축구를 하는 것은 건강에 좋아요.
→ _____

2 magic wand / I / his / want to / have
나는 그의 마법 지팡이를 가지고 싶어요.
→ _____

3 one of my / is / favorite fruits / Blueberry.
블루베리는 내가 가장 좋아하는 과일 중 하나예요.
→ _____

4 and / not too hot / not too cold / It is not
너무 춥지도 너무 덥지도 않아요.
→ _____

C 다음 문장에서 틀린 부분을 고쳐 쓰세요.

1 At christmas, I can get a present from Santa?

→ _____

2 He has very brave and smart,

→ _____

3 It make is my look like a princess.

→ _____

4 i can eats a lot of vegetable.

→ _____

D 의견이나 결론에 알맞은 이유를 찾아 기호를 써 보세요.

의견/결론
1 I like gimbab very much. ☐
2 My favorite animal is a Koala. ☐
3 The best season is spring. ☐
4 I wish every day were Christmas. ☐

이유
a They have big noses, so they are very cute.
b I like to meet new friends at school.
c I can eat a lot of vegetables.
d I like to decorate the Christmas tree.

WHY?

Unit 09 My Favorite Toy

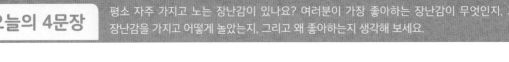

오늘의 4문장

평소 자주 가지고 노는 장난감이 있나요? 여러분이 가장 좋아하는 장난감이 무엇인지, 그 장난감을 가지고 어떻게 놀았는지, 그리고 왜 좋아하는지 생각해 보세요.

1 **I like to play with Lego blocks.**
나는 레고 블록을 가지고 노는 것을 좋아해요.

2 **I can make a robot and car.**
나는 로봇과 차를 만들 수 있어요.

3 **My dad can build a huge castle with Legos.**
우리 아빠는 레고로 거대한 성도 만들 수 있어요.

4 **All my friends like my toy, too.**
내 친구들도 다 내 장난감을 좋아해요.

More Expressions

I like it because it can move very fast.
나는 그것이 매우 빨리 움직여서 좋아해요.

It was my friend when I was very young.
내가 아주 어렸을 때 그것은 나의 친구였어요.

A 영어 표현과 알맞은 그림을 연결해 보세요.

a

b

c

move fast

build a castle

make a robot

B 빈칸에 알맞은 단어를 넣어 문장을 완성해 보세요.

1 I like to _____ Lego blocks.   나는 레고 블록을 가지고 노는 것을 좋아해요.

2 I can _____ and car.   나는 로봇과 차를 만들 수 있어요.

3 My dad can _____ with Legos.   우리 아빠는 레고로 거대한 성도 만들 수 있어요.

4 _____ like my toy, too.   내 친구들도 다 내 장난감을 좋아해요.

C 한글을 영어로 바꿔 써보세요.

1 나는 레고 블록을 가지고 노는 것을 좋아해요.

_____

2 나는 로봇과 차를 만들 수도 있어요.

_____

3 우리 아빠는 레고로 거대한 성도 만들 수 있어요.

_____

4 내 친구들도 다 내 장난감을 좋아해요.

_____

D 가장 좋아하는 장난감에 대해 자신만의 글을 써보세요.

| 의견 | I like to play with _____. |

| 이유1 | I can _____. |

| 이유2 | My dad can _____. |

| 결론 | All my friends like my _____, too. |

오늘의 4문장

가장 좋아하는 애완동물이 무엇인지 적어볼까요? 애완동물과 함께 있을 때 어떤 기분이 드나요? 애완동물과 있을 때 어떤 점이 좋은지 생각해 보세요.

1 **My favorite pet is dogs.**
내가 가장 좋아하는 애완동물은 개예요.

2 **They are very smart.**
그들은 매우 똑똑해요.

3 **They can understand many words.**
그들은 많은 단어를 이해할 수 있어요.

4 **Dogs are man's best friend.**
개들을 사람의 가장 좋은 친구예요.

More Expressions

I like to walk my dogs.　　　　나는 개들을 산책 시키는 게 좋아요.

I feel safe with my dog.　　　　나는 개와 있으면 안전해요.

A 영어 표현과 알맞은 그림을 연결해 보세요.

a

·

·
understand words

b

·

·
smart

c

·

·
best friends

B 빈칸에 알맞은 단어를 넣어 문장을 완성해 보세요.

1 My favorite pet is _____. 내가 가장 좋아하는 애완동물은 개예요.

2 They are very _____. 그들은 매우 똑똑해요.

3 They can _____. 그들은 많은 단어를 이해할 수 있어요.

4 Dogs are man's _____. 개는 사람의 가장 좋은 친구예요.

C 한글을 영어로 바꿔 써보세요.

1 내가 가장 좋아하는 애완동물은 개예요.

_____

2 그들은 매우 똑똑해요.

_____

3 그들은 많은 단어를 이해할 수 있어요.

_____

4 개들은 사람의 가장 좋은 친구예요.

_____

D 가장 좋아하는 애완동물에 대해 자신만의 글을 써보세요.

| 의견 | My favorite pet is _____. |

| 이유1 | They are _____. |

| 이유2 | They can _____. |

| 결론 | _____ are man's best friend. |

오늘의 4문장 가장 좋아하는 과일은 무엇인가요? 얼마나 자주 그 과일을 먹나요? 그 과일은 어떤 맛인가요? 주로 어느 계절에 먹나요?

1 **My favorite fruit is watermelon.**
내가 가장 좋아하는 과일은 수박이에요.

2 **It is very sweet and juicy.**
수박은 아주 달고 즙이 풍부해요.

3 **Eating it cools me down.**
수박을 먹으면 시원해요.

4 **Watermelon is an amazing fruit.**
수박은 놀라운 과일이에요.

More Expressions

It is full of vitamins.   수박에는 비타민이 풍부해요.

It is good for our health.   수박은 건강에 좋아요.

A 영어 표현과 알맞은 그림을 연결해 보세요.

a

b

c

•   •   •

•   •   •

watermelon   sweet   cool down

B 빈칸에 알맞은 단어를 넣어 문장을 완성해 보세요.

1 My favorite fruit is _____.   내가 가장 좋아하는 과일은 수박이에요.

2 It is very _____.   수박은 아주 달고 즙이 풍부해요.

3 Eating it _____.   수박을 먹으면 시원해요.

4 Watermelon is an amazing _____.   수박은 놀라운 과일이에요.

C 한글을 영어로 바꿔 써보세요.

1 내가 가장 좋아하는 과일은 수박이에요.

_____

2 수박은 아주 달고 즙이 풍부해요.

_____

3 수박을 먹으면 시원해요.

_____

4 수박은 놀라운 과일이에요.

_____

D 가장 좋아하는 과일에 대해 자신만의 글을 써보세요.

| 의견 | My favorite fruit is _____. |

| 이유1 | It is _____. |

| 이유2 | Eating it _____. |

| 결론 | _____ is an amazing fruit. |

Unit 12 My Favorite Superhero

가장 좋아하는 슈퍼히어로는 누구인가요? 왜 그 슈퍼히어로를 좋아하나요? 그는 어떤 모습인가요? 또 그의 특별한 점은 무엇인가요?

1 **Ironman is my favorite superhero.**
아이언맨은 내가 가장 좋아하는 슈퍼히어로예요.

2 **He is wearing a powerful suit.**
그는 강력한 수트를 입고 있어요.

3 **He beats the bad guys all the time.**
그는 항상 나쁜 악당들을 물리쳐요.

4 **I love Ironman the most.**
나는 아이언맨이 가장 좋아요.

More Expressions

He is a smart scientist.   그는 똑똑한 과학자예요.

He has a sense of humor.   그는 유머감각이 있어요.

A 영어 표현과 알맞은 그림을 연결해 보세요.

a

b

c

superhero   wear a suit   bad guy

B 빈칸에 알맞은 단어를 넣어 문장을 완성해 보세요.

1 Ironman is my favorite _____. 아이언맨은 내가 가장 좋아하는 슈퍼히어로예요.

2 He is wearing a powerful _____. 그는 강력한 수트를 입고 있어요.

3 He beats the _____ guys all the time. 그는 항상 나쁜 악당들을 물리쳐요.

4 I love _____ the most. 나는 아이언맨이 가장 좋아요.

C 한글을 영어로 바꿔 써보세요.

1 아이언맨은 내가 가장 좋아하는 슈퍼히어로예요.

_____

2 그는 강력한 수트를 입고 있어요.

_____

3 그는 항상 나쁜 악당들을 물리쳐요.

_____

4 나는 아이언맨이 가장 좋아요.

_____

D 가장 좋아하는 슈퍼히어로에 대해 자신만의 글을 써보세요.

| 의견 | _____ is my favorite superhero. |

| 이유1 | She/He is wearing a _____. |

| 이유2 | She/He _____ all the time. |

| 결론 | I love _____ the most. |

오늘의 4문장

가장 좋아하는 코미디언은 누구인가요? 그 코미디언을 왜 좋아하나요? 그의 특별한 점은 무엇인가요?

1 **You Jae-suk is my favorite comedian.**
유재석은 내가 가장 좋아하는 코미디언이에요.

2 **He makes people laugh.**
그는 사람들을 웃게 만들어요.

3 **He donates a lot of money to charity.**
그는 자선단체에 돈을 많이 기부해요.

4 **I want to meet him in person one day.**
언젠가 나는 그를 직접 만나고 싶어요.

More Expressions

He makes a lot of effort.   그는 노력을 많이 해요.

He is polite and friendly.   그는 공손하고 친절해요.

A 영어 표현과 알맞은 그림을 연결해 보세요.

a

b

c

comedian   laugh   donate a lot of money

B 빈칸에 알맞은 단어를 넣어 문장을 완성해 보세요.

1 You Jae-suk is my favorite _____.   유재석은 내가 가장 좋아하는 코미디언이에요.

2 He makes people _____.   그는 사람들을 웃게 만들어요.

3 He _____ a lot of money to charity.   그는 자선단체에 돈을 많이 기부해요.

4 I want to _____ him in person one day.   언젠가 나는 그를 직접 만나고 싶어요.

C 한글을 영어로 바꿔 써보세요.

1 유재석은 내가 가장 좋아하는 코미디언이에요.

_____

2 그는 사람들을 웃게 만들어요.

_____

3 그는 자선단체에 돈을 많이 기부해요.

_____

4 언젠가 나는 그를 직접 만나고 싶어요.

_____

D 가장 좋아하는 코미디언에 대해 자신만의 글을 써보세요.

| 의견 | _____ is my favorite comedian. |

| 이유1 | She/He _____. |

| 이유2 | She/He _____. |

| 결론 | I want to _____. |

Unit 14 My Favorite Subject

가장 좋아하는 과목은 무엇인가요? 그 과목을 생각하면 어떤 기분이 드나요? 그 과목 시간에 했던 것 중에서 어떤 활동이 마음에 들었나요?

1️⃣ **P.E. is my favorite subject.**
체육은 내가 가장 좋아하는 과목이에요.

2️⃣ **I am really active, so I love to move.**
나는 정말 활동적이거든요, 그래서 움직이는 걸 좋아해요.

3️⃣ **Plus, I like to play sports games in P.E. class.**
게다가, 나는 체육시간에 스포츠 게임을 할 수 있어서 좋아요.

4️⃣ **I love P.E class.**
나는 체육시간이 정말 좋아요.

More Expressions

I have no homework in P.E. class.   체육 시간에는 숙제가 없어요.

I like competition.   나는 시합하는 것이 좋아요.

A 영어 표현과 알맞은 그림을 연결해 보세요.

a

b

c
SCIENCE
TECHNOLOGY
ARTS
ENGINEERING
MATHEMATICS

subject   play sports games   P.E. class

B 빈칸에 알맞은 단어를 넣어 문장을 완성해 보세요.

1 P.E. is my favorite _____. 체육은 내가 가장 좋아하는 과목이에요.

2 I am really _____, so I love to move. 나는 정말 활동적이거든요. 그래서 움직이는 걸 좋아해요.

3 Plus, I like to _____ sports games in P.E. class.
게다가, 나는 체육시간에 스포츠 게임을 할 수 있어서 좋아요.

4 I love _____ class. 나는 체육시간이 정말 좋아요.

C 한글을 영어로 바꿔 써보세요.

1 체육은 내가 가장 좋아하는 과목이에요.

_____

2 나는 정말 활동적이거든요, 그래서 움직이는 걸 좋아해요.

_____

3 게다가, 나는 체육시간에 스포츠 게임을 할 수 있어서 좋아요.

_____

4 나는 체육시간이 정말 좋아요.

_____

D 가장 좋아하는 과목에 대해 자신만의 글을 써보세요.

| 의견 | _____ is my favorite subject. |

| 이유1 | I am really _____, so I love to _____. |

| 이유2 | Plus, I like to _____. |

| 결론 | I love _____. |

15 My Favorite Movie Character

가장 좋아하는 영화 캐릭터를 생각해 보세요. 그 캐릭터는 어떤 성격을 가졌나요? 왜 그 캐릭터를 좋아하나요? 그 캐릭터를 만날 수 있다면 무엇을 하고 싶나요?

1 **I like Aladdin the most.**
나는 알라딘을 가장 좋아해요.

2 **He is very adventurous.**
그는 아주 모험심이 강해요.

3 **I want to ride a magic carpet with him.**
나는 그와 함께 마법의 양탄자를 타고 싶어요.

4 **I would like to be brave like him.**
나는 그처럼 용감해지고 싶어요.

More Expressions

He is honest.	그는 정직해요.
He keeps his word.	그는 약속을 지켜요.

A 영어 표현과 알맞은 그림을 연결해 보세요.

a

b

c

adventurous   ride a magic carpet   honest

B 빈칸에 알맞은 단어를 넣어 문장을 완성해 보세요.

1 I _____ Aladdin the most. 나는 알라딘을 가장 좋아해요.

2 He is very _____. 그는 아주 모험심이 강해요.

3 I want to _____ a magic carpet with him. 나는 그와 함께 마법의 양탄자를 타고 싶어요.

4 I would like to be _____ like him. 나는 그처럼 용감해지고 싶어요.

C 한글을 영어로 바꿔 써보세요.

1 나는 알라딘을 가장 좋아해요.

_____

2 그는 아주 모험심이 강해요.

_____

3 나는 그와 함께 마법의 양탄자를 타고 싶어요.

_____

4 나는 그처럼 용감해지고 싶어요.

_____

D 가장 좋아하는 영화 캐릭터에 대해 자신만의 글을 써보세요.

| 의견 | I like _____ the most. |

| 이유1 | She/He is very _____. |

| 이유2 | I want to _____. |

| 결론 | I would like to _____. |

오늘의 4문장

집 밖에서 하는 활동 중에서 가장 좋아하는 것은 무엇인가요? 언제, 누구와 그 활동을 하나요? 그 활동을 할 때 기분이 어떤가요?

1 **I like to ride a bike in the park.**
나는 공원에서 자전거 타는 것을 좋아해요.

2 **I always drive fast.**
나는 항상 빨리 달려요.

3 **It makes me feel excited.**
그렇게 하면 신이나요.

4 **My favorite thing to do outside is riding a bike.**
밖에서 하는 것 중에서 내가 가장 좋아하는 활동은 자전거 타기예요.

More Expressions

I can save money.　　　　　　　나는 돈을 아낄 수 있어요.

Riding a bike looks cool.　　　　자전거를 타면 멋있어 보여요.

A 영어 표현과 알맞은 그림을 연결해 보세요.

a

b

c

ride a bike　　　　　　drive fast　　　　　　feel excited

B 빈칸에 알맞은 단어를 넣어 문장을 완성해 보세요.

1 I like to _____ a bike in the park. 나는 공원에서 자전거 타는 것을 좋아해요.

2 I always _____ fast. 나는 항상 빨리 달려요.

3 It makes me feel _____. 그렇게 하면 신이나요.

4 My favorite thing to do outside is _____.
밖에서 하는 것 중에서 내가 가장 좋아하는 활동은 자전거 타기예요.

C 한글을 영어로 바꿔 써보세요.

1 나는 공원에서 자전거 타는 것을 좋아해요.

_____

2 나는 항상 빨리 달려요.

_____

3 그렇게 하면 신이나요.

_____

4 밖에서 하는 것 중에서 내가 가장 좋아하는 활동은 자전거 타기예요.

_____

D 집 밖에서 하는 활동 중 가장 좋아하는 것에 대해 자신만의 글을 써보세요.

| 의견 | I like to _____. |

| 이유1 | I always _____. |

| 이유2 | It makes me feel _____. |

| 결론 | My favorite thing to do outside is _____. |

Unit 17 My Favorite Ice Cream

즐겨먹는 아이스크림을 떠올려 보세요. 가장 좋아하는 아이스크림은 무슨 맛인가요? 그 맛을 좋아하는 이유는 무엇인가요?

1 **I like chocolate ice cream.**
나는 초콜릿 아이스크림을 좋아해요.

2 **Eating chocolate gives me energy.**
초콜릿을 먹으면 힘이 나요.

3 **It tastes so sweet and delicious.**
그것은 아주 달콤하고 맛있어요.

4 **I want to have chocolate ice cream every day.**
나는 매일 초콜릿 아이스크림을 먹고 싶어요.

More Expressions

It has a smooth texture.   초콜릿 아이스크림은 부드러운 질감이에요.

It makes me feel happy.   그것은 나를 행복하게 해요.

A 영어 표현과 알맞은 그림을 연결해 보세요.

a

b

c

●

●

●

●

●

●

ice cream

give me energy

smooth texture

B 빈칸에 알맞은 단어를 넣어 문장을 완성해 보세요.

1 I like _____ ice cream. 나는 초콜릿 아이스크림을 좋아해요.

2 Eating chocolate gives me _____. 초콜릿을 먹으면 힘이 나요.

3 It tastes so _____ and delicious. 그것은 아주 달콤하고 맛있어요.

4 I want to have chocolate _____ every day.
나는 매일 초콜릿 아이스크림을 먹고 싶어요.

C 한글을 영어로 바꿔 써보세요.

1 나는 초콜릿 아이스크림을 좋아해요.

_____

2 초콜릿을 먹으면 힘이 나요.

_____

3 그것은 아주 달콤하고 맛있어요.

_____

4 나는 매일 초콜릿 아이스크림을 먹고 싶어요.

_____

D 가장 좋아하는 아이스크림은 무슨 맛인지 자신만의 글을 써보세요.

| 의견 | I like _____ ice cream. |

| 이유1 | Eating _____ gives me _____. |

| 이유2 | It tastes _____. |

| 결론 | I want to _____ ice cream every day. |

Review 02 (Unit 09~17)

A 영어 표현에 알맞은 뜻을 연결해 보세요.

1 make a robot •   • 최고의 친구

2 best friend •   • 더위를 식히다

3 cool down •   • 많은 돈을 기부하다

4 wear a suit •   • 스포츠 경기를 하다

5 donate a lot of money •   • 로봇을 만들다

6 play sports games •   • 수트를 입다

B 의미에 맞게 단어의 순서를 알맞게 배열해 보세요.

1   very adventurous / He / is
그는 아주 모험심이 강해요.
→ _____

2    me / feel excited / It / makes
그렇게 하면 신이나요.
→ _____

3    energy / me / Eating / chocolate / gives
초콜릿을 먹으면 힘이 나요.
→ _____

4   is wearing / a powerful suit / He
그는 강력한 수트를 입고 있어요.
→ _____

C 다음 문장에서 틀린 부분을 고쳐 쓰세요.

1 I can makes a robot and car

→ _____

2 I loves Ironman the most?

→ _____

3 I are really active, so i love move.

→ _____

4 i want to ride a magic carpets with him.

→ _____

D 의견이나 결론에 알맞은 이유를 찾아 기호를 써 보세요.

의견/결론
1 I like to play with Lego blocks. ☐
2 My favorite pet is dogs. ☐
3 I like to ride a bike in the park. ☐
4 You Jae-suk is my favorite comedian. ☐

이유
a They are very smart.
b He makes people laugh.
c I always drive fast.
d My dad can build a huge castle with Legos.

WHY?

Writing Tip 02

Sentence Starters (문장을 시작할 때 쓰는 표현)

의견 글쓰기를 할 때 문장을 시작할 때 자주 쓰이는 표현들이 있어요. 어떤 것들이 있는지 한번 살펴 볼까요?

⊘ I think (that)...

'~라고 생각하다'라는 I feel (that)과 비슷한 의미로, that은 보통 생략해서 씁니다.

ex I think (that) **it would be a good present.**

　　그것은 좋은 선물이 될 거라고 생각해요.

⊘ I love...

좋아하는 것을 말할 때 쓰는 대표적인 표현으로 like와 뜻이 비슷합니다.

ex I love **going to the amusement parks.**

　　나는 놀이공원 가는 것을 좋아합니다.

⊘ I do not like...

'좋아하지 않는다'는 부정적인 의견을 나타낼 때 동사 앞에 do not을 앞에 붙입니다. 줄여서 don't라고 해도 됩니다.

ex I do not like **living in the country.**

　　나는 시골에서 사는 게 싫어요.

⊘ I prefer A to B

두 개 이상의 것 중에서 더 좋아하는 것을 나타낼 때 씁니다. 비교 대상은 to 다음에 쓰면 됩니다.

ex I prefer **staying at home** to **going shopping.**

　　나는 쇼핑 가는 것보다 집에 있는 게 좋아요.

⊘ My favorite...is...

favorite은 '아주 좋아하는'이라는 형용사로 뒤에 명사가 옵니다.

ex My favorite **food is fried chicken.**

　　내가 가장 좋아하는 음식은 프라이드 치킨이다.

PART
2

The Best

Unit 18 Best Teacher

여러분이 생각하는 최고의 선생님은 누구인가요? 그 선생님의 어떤 점이 좋은지 이유를 생각해서 적어보세요.

1 **The best teacher is my art teacher.**
최고의 선생님은 우리 미술 선생님입니다.

2 **She is beautiful and kind.**
그녀는 아름답고 친절해요.

3 **I like drawing animals and plants.**
나는 동물과 식물 그림 그리는 것을 좋아해요.

4 **I want to be an art teacher like her.**
나는 그녀처럼 미술 선생님이 되고 싶어요.

More Expressions

He always says I am good at math.　　　그는 항상 내가 수학을 잘한다고 말해요.

She teaches me how to speak in Chinese.　　그녀는 내게 중국어로 말하는 법을 가르쳐줘요.

A 영어 표현과 알맞은 그림을 연결해 보세요.

a
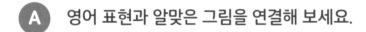

b

c

●　　　　　　　　●　　　　　　　　●

●　　　　　　　　●　　　　　　　　●

art teacher　　　　drawing animals　　　　kind

B 빈칸에 알맞은 단어를 넣어 문장을 완성해 보세요.

1 _____ is my art teacher.   최고의 선생님은 우리 미술 선생님입니다.

2 She is _____ and kind.   그녀는 아름답고 친절해요.

3 I like drawing _____.   나는 동물과 식물 그림 그리는 것을 좋아해요.

4 I _____ an art teacher like her.   나는 그녀처럼 미술 선생님이 되고 싶어요.

C 한글을 영어로 바꿔 써보세요.

1 최고의 선생님은 우리 미술 선생님입니다.

_____

2 그녀는 아름답고 친절해요.

_____

3 나는 동물과 식물 그림 그리는 것을 좋아해요.

_____

4 나는 그녀처럼 미술 선생님이 되고 싶어요.

_____

D 최고의 선생님에 대해 자신만의 글을 써보세요.

| 의견 | The best teacher is my _____. |

| 이유1 | She/He is _____. |

| 이유2 | I like _____. |

| 결론 | I want to _____. |

오늘의 4문장

우리 동네에서 최고의 식당은 어디인가요? 여러분이 동네에서 가장 좋아하는 식당과 왜 좋아하는지 이유를 적어보세요.

1 **The best restaurant in my town is Charlie Brown.**
우리 동네에서 최고의 식당은 찰리 브라운입니다.

2 **They serve delicious spaghetti.**
그 식당은 맛있는 스파게티를 팝니다.

3 **There is a kids' playroom in the restaurant.**
식당에는 아이들의 놀이방이 있어요.

4 **Our family often goes there to eat dinner.**
우리 가족은 자주 저녁을 먹으러 그곳에 가요.

More Expressions

There are funny pictures on the wall.   벽에는 웃긴 그림들이 있어요.

We like to go there after school.   우리는 방과 후에 거기에 가는 것을 좋아해요.

A 영어 표현과 알맞은 그림을 연결해 보세요.

a

b

c

restaurant   serve spaghetti   playroom

B 빈칸에 알맞은 단어를 넣어 문장을 완성해 보세요.

1 _____ in my town is Charlie Brown.

우리 동네에서 최고의 식당은 찰리 브라운입니다.

2 They _____ delicious spaghetti. 그 식당은 맛있는 스파게티를 팝니다.

3 There is a _____ in the restaurant. 식당에는 아이들의 놀이방이 있어요.

4 Our family _____ to eat dinner. 우리 가족은 자주 저녁을 먹으러 그곳에 가요.

C 한글을 영어로 바꿔 써보세요.

1 우리 동네에서 최고의 식당은 찰리 브라운입니다.

_____

2 그 식당은 맛있는 스파게티를 팝니다.

_____

3 식당에는 아이들의 놀이방이 있어요.

_____

4 우리 가족은 자주 저녁을 먹으러 그곳에 가요.

_____

D 최고의 식당에 대해 자신만의 글을 써보세요.

| 의견 | The best restaurant in my town is _____. |

| 이유1 | They serve _____. |

| 이유2 | There is _____ in the restaurant. |

| 결론 | Our family often goes there _____. |

오늘의 4문장 가장 친한 친구는 누구인가요? 어떤 성격이고 무엇을 좋아하는지, 그리고 같이 주로 무엇을 하는지 생각해 보세요. 왜 가장 친한 친구인지 써 보세요.

1 **My best friend is Sam.**
나의 가장 친한 친구는 샘입니다.

2 **He wears glasses and he's funny.**
그는 안경을 썼고 재미있어요.

3 **We both like basketball, so we often play together.**
우리 둘 다 농구를 좋아해서 함께 자주 농구를 해요.

4 **I am happy when I play with him.**
나는 그와 놀 때 행복해요.

More Expressions

He always helps me when I am in trouble. 그는 내가 곤란할 때 항상 나를 도와줘요.

She gave me a wonderful birthday present. 그녀는 내게 멋진 생일 선물을 해주었어요.

A 영어 표현과 알맞은 그림을 연결해 보세요.

a

b

c

•   •   •

•   •   •

wear glasses   play basketball   happy

B 빈칸에 알맞은 단어를 넣어 문장을 완성해 보세요.

1 My _____ is Sam.   나의 가장 친한 친구는 샘입니다.

2 He _____ and he's funny.   그는 안경을 썼고 재미있어요.

3 We _____, so we often play together.

우리 둘 다 농구를 좋아해서 함께 자주 농구를 해요.

4 I _____ when I play with him.   나는 그와 놀 때 행복해요.

C 한글을 영어로 바꿔 써보세요.

1 나의 가장 친한 친구는 샘입니다.

_____

2 그는 안경을 썼고 재미있어요.

_____

3 우리 둘 다 농구를 좋아해서 함께 자주 농구를 해요.

_____

4 나는 그와 놀 때 행복해요.

_____

D 친한 친구에 대해 자신만의 글을 써보세요.

| 의견 | My best friend is _____. |

| 이유1 | He is _____. |

| 이유2 | We both like _____. |

| 결론 | I am happy when I _____. |

Unit 21 Best Dinosaur

오늘의 4문장

여러분은 공룡을 좋아하나요? 그렇다면 여러분이 생각하는 최고의 공룡은 무엇인가요?
그 이유를 생각해서 적어 보세요.

1 **I like triceratops the most.**
나는 트리케라톱스가 가장 좋아요.

2 **There are three big horns on their heads.**
공룡의 머리에는 3개의 큰 뿔이 있어요.

3 **They look scary but eat grass.**
무서워 보이지만 풀을 먹어요.

4 **I love to see them at the museum.**
나는 공룡들을 박물관에서 보는 것을 좋아해요.

More Expressions

It was the scariest meat-eating dinosaur. 그것은 가장 무서운 육식 공룡이었어요.

It was huge in size and had a long neck. 그것은 체격이 매우 거대했고 긴 목을 가졌어요.

A 영어 표현과 알맞은 그림을 연결해 보세요.

a

b

c

big horn   look scary   museum

B 빈칸에 알맞은 단어를 넣어 문장을 완성해 보세요.

1 I like triceratops _____. 나는 트리케라톱스가 가장 좋아요.

2 There are _____ on their heads. 공룡의 머리에는 3개의 큰 뿔이 있어요.

3 They look scary but _____. 무서워 보이지만 풀을 먹어요.

4 I love to see them _____. 나는 공룡들을 박물관에서 보는 것을 좋아해요.

C 한글을 영어로 바꿔 써보세요.

1 나는 트리케라톱스가 가장 좋아요.

_____

2 공룡의 머리에는 3개의 큰 뿔이 있어요.

_____

3 무서워 보이지만 풀을 먹어요.

_____

4 나는 공룡들을 박물관에서 보는 것을 좋아해요.

_____

D 최고의 공룡에 대해 자신만의 글을 써보세요.

| 의견 | I like _____ the most. |

| 이유1 | There is/are _____. |

| 이유2 | They look _____ but eat _____. |

| 결론 | I love to _____. |

오늘의 4문장

가장 좋아하는 디저트는 무엇인가요? 그 디저트의 맛은 어떤가요? 그것을 주로 언제, 누구와 먹는지 생각해 보세요.

1 **I think the best candy are gummy bears.**
나는 최고의 캔디는 구미베어 젤리라고 생각해요.

2 **They look cute and funny.**
그것들은 귀엽고 재미있게 생겼어요.

3 **They taste very delicious.**
그것들은 맛도 끝내줘요.

4 **I like to share them with my friends.**
나는 친구들과 젤리를 나눠먹는 것을 좋아해요.

More Expressions

They taste sweet.   그것들은 맛이 달콤해요.

They are chewy.   그것들은 쫄깃쫄깃해요.

A 영어 표현과 알맞은 그림을 연결해 보세요.

a

b

c

look cute   taste   chewy

B 빈칸에 알맞은 단어를 넣어 문장을 완성해 보세요.

1 I think the best candy are _____. 나는 최고의 캔디는 구미베어 젤리라고 생각해요.

2 They look _____. 그것들은 귀엽고 재미있게 생겼어요.

3 They taste _____. 그것들은 맛도 끝내줘요.

4 I like to _____ them with my friends. 나는 친구들과 젤리를 나눠먹는 것을 좋아해요.

C 한글을 영어로 바꿔 써보세요.

1 나는 최고의 캔디는 구미베어 젤리라고 생각해요.

_____

2 그것들은 귀엽고 재미있게 생겼어요.

_____

3 그것들은 맛도 끝내줘요.

_____

4 나는 친구들과 젤리를 나눠먹는 것을 좋아해요.

_____

D 최고의 캔디에 대해 자신만의 글을 써보세요.

| 의견 | I think the best candy are _____. |

| 이유1 | They look _____. |

| 이유2 | They taste _____. |

| 결론 | I like to share them with _____. |

가장 좋아하는 음악가는 누구인가요? 그 음악가의 어떤 점이 좋은가요? 그가 만든 가장 좋아하는 음악은 무엇인가요?

1 Beethoven is the best musician.
베토벤은 최고의 음악가예요.

2 He was almost deaf.
그는 거의 귀가 들리지 않았어요.

3 However, he created so many great works.
하지만 그는 아주 많은 작품을 만들었어요.

4 I like to listen to his symphonies.
나는 그의 교향곡을 듣는 것을 좋아해요.

More Expressions

He played the piano very well.   그는 피아노를 아주 잘 쳤어요.

His music is so beautiful.   그의 음악은 아주 아름다워요.

A 영어 표현과 알맞은 그림을 연결해 보세요.

a
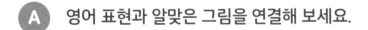

b

c

•

•

•

•

•

•

musician   deaf   listen to

B 빈칸에 알맞은 단어를 넣어 문장을 완성해 보세요.

1 Beethoven is the best _____. 베토벤은 최고의 음악가예요.

2 He was almost _____. 그는 거의 귀가 들리지 않았어요.

3 However, he created so many great _____. 하지만 그는 아주 많은 작품을 만들었어요.

4 I like to _____ to his symphonies. 나는 그의 교향곡을 듣는 것을 좋아해요.

C 한글을 영어로 바꿔 써보세요.

1 베토벤은 최고의 음악가예요.

_____

2 그는 거의 귀가 들리지 않았어요.

_____

3 하지만 그는 아주 많은 작품을 만들었어요.

_____

4 나는 그의 교향곡을 듣는 것을 좋아해요.

_____

D 최고의 음악가에 대해 자신만의 글을 써보세요.

| 의견 | _____ is the best musician. |

| 이유1 | She/He _____. |

| 이유2 | She/He _____. |

| 결론 | I like to _____. |

Unit 24 Best Sports Player

가장 좋아하는 운동 선수는 누구인가요? 그 선수의 어떤 점이 인상적이었나요? 그 선수의 별명이나 기억에 남는 기록은 무엇이 있나요?

1 I think Usain Bolt is the best runner.
나는 우사인 볼트가 최고의 달리기 선수라고 생각해요.

2 He runs fast like a lightning.
그는 번개처럼 빨리 달려요.

3 He won gold medals in the Olympic Games.
그는 올림픽 경기에서 금메달을 땄어요.

4 He is the fastest man in the world.
그는 세상에서 가장 빠른 사나이에요.

More Expressions

He is called 'Lightning Bolt.' 그의 별명은 '번개 볼트'예요.

He helped poor children. 그는 가난한 어린아이들을 도왔어요.

A 영어 표현과 알맞은 그림을 연결해 보세요.

a

b

c

lightning   runner   won the gold medals

B 빈칸에 알맞은 단어를 넣어 문장을 완성해 보세요.

1 I think Usain Bolt is the best _____. 나는 우사인 볼트가 최고의 달리기 선수라고 생각해요.

2 He runs fast like a _____. 그는 번개처럼 빨리 달려요.

3 He won _____ in the Olympic Games.
그는 올림픽 경기에서 금메달을 땄어요.

4 He is the _____ man in the world. 그는 세상에서 가장 빠른 사나이에요.

C 한글을 영어로 바꿔 써보세요.

1 나는 우사인 볼트가 최고의 달리기 선수라고 생각해요.

_____

2 그는 번개처럼 빨리 달려요.

_____

3 그는 올림픽 경기에서 금메달을 땄어요.

_____

4 그는 세상에서 가장 빠른 사나이에요.

_____

D 최고의 운동 선수에 대해 자신만의 글을 써보세요.

| 의견 | I think _____ is the best _____. |

| 이유1 | She/He _____. |

| 이유2 | She/He won _____. |

| 결론 | She/He is the _____. |

오늘의 4문장

역사상 가장 훌륭한 발명품은 무엇이라고 생각하나요? 누가 그것을 발명했나요? 사람들은 그것으로 무엇을 할 수 있나요?

1 **The best invention is the smartphone.**
최고의 발명품은 스마트폰이에요.

2 **I can call and take pictures.**
나는 전화를 걸고 사진을 찍을 수도 있어요.

3 **I can play games with it.**
나는 그것으로 게임을 할 수도 있어요.

4 **I want to get it as a birthday present.**
나는 생일 선물로 그것을 갖고 싶어요.

More Expressions

I can surf the web to find information.

나는 정보를 찾기 위해 인터넷 서핑을 할 수 있어요.

I can use it to find my way.

나는 그것으로 길을 찾을 수 있어요.

A 영어 표현과 알맞은 그림을 연결해 보세요.

a

b

c

smartphone　　　　take pictures　　　　birthday present

B 빈칸에 알맞은 단어를 넣어 문장을 완성해 보세요.

1 The best invention is the _____. 최고의 발명품은 스마트폰이에요.

2 I can call and _____. 나는 전화를 걸고 사진을 찍을 수도 있어요.

3 I can _____ games with it. 나는 그것으로 게임을 할 수도 있어요.

4 I want to get it as a _____. 나는 생일 선물로 그것을 갖고 싶어요.

C 한글을 영어로 바꿔 써보세요.

1 최고의 발명품은 스마트폰이에요.

_____

2 나는 전화를 걸고 사진을 찍을 수도 있어요.

_____

3 나는 그것으로 게임을 할 수도 있어요.

_____

4 나는 생일 선물로 그것을 갖고 싶어요.

_____

D 최고의 발명품에 대해 자신만의 글을 써보세요.

| 의견 | The best invention is _____. |

| 이유1 | I can _____. |

| 이유2 | I can _____. |

| 결론 | I want to _____. |

Unit 26 Best Thing for Snowy Days

눈 오는 날에 무엇을 하고 싶나요? 가장 최근에 눈 오는 날 했던 것을 떠올려 보세요.
누구와 무엇을 했나요? 기분은 어땠나요?

1 **I love snowy days.**
나는 눈 오는 날을 좋아해요.

2 **There are many things to do like skiing, sledding, and skating.**
스키 타기, 썰매 타기, 스케이트 타기같이 할 것이 많아요.

3 **I can also have a snow ball fight.**
나는 눈싸움을 할 수도 있어요.

4 **I can't wait for winter.**
빨리 겨울이 왔으면 좋겠어요.

More Expressions

I want to build a snowman.   나는 눈사람을 만들고 싶어요.

I drink a cup of hot chocolate.   나는 따뜻한 초콜릿을 한잔 먹어요.

A 영어 표현과 알맞은 그림을 연결해 보세요.

a

b

c

•   •   •

•   •   •

sled   skate   have a snow fight

B 빈칸에 알맞은 단어를 넣어 문장을 완성해 보세요.

1 I love _____. 나는 눈 오는 날을 좋아해요.

2 There are many things to do like skiing, _____.

스키 타기, 썰매 타기, 스케이트 타기같이 할 것이 많아요.

3 I can also have a _____. 나는 눈싸움을 할 수도 있어요.

4 I can't wait for _____. 빨리 겨울이 왔으면 좋겠어요.

C 한글을 영어로 바꿔 써보세요.

1 나는 눈 오는 날을 좋아해요.

_____

2 스키 타기, 썰매 타기, 스케이트 타기같이 할 것이 많아요.

_____

3 나는 눈싸움을 할 수도 있어요.

_____

4 빨리 겨울이 왔으면 좋겠어요.

_____

D 눈 오는 날 할 수 있는 최고의 일에 대해 자신만의 글을 써보세요.

의견	I love _____.
이유1	There are _____.
이유2	I can _____.
결론	I can't wait for _____.

오늘의 4문장

일주일 중에서 가장 좋아하는 요일은 무엇인가요? 그 요일에는 누구와 무엇을 주로 하나요?

1. **The best day of the week is Saturday for me.**
   나한테 최고의 요일은 토요일이에요.

2. **I get up late in the morning.**
   아침에 늦게 일어날 수 있어요.

3. **Plus, I can go to the park with my friend.**
   게다가 친구하고 공원에 갈 수 있어요.

4. **I wish every day were Saturday.**
   매일이 토요일이었으면 좋겠어요.

More Expressions

There is no class on Saturday. 　　　　토요일에는 수업이 없어요.

I can ride a bike with my friend in the afternoon. 　　나는 오후에 친구랑 자전거를 탈 수 있어요.

A 　영어 표현과 알맞은 그림을 연결해 보세요.

a

b

c

get up late　　　　go to the park　　　　Saturday

B 빈칸에 알맞은 단어를 넣어 문장을 완성해 보세요.

1 The best day of the week is _____ for me.   나한테 최고의 요일은 토요일이에요.

2 I _____ late in the morning.   아침에 늦게 일어날 수 있어요.

3 Plus, I can go to the _____ with my friend.   게다가 친구하고 공원에 갈 수 있어요.

4 I wish _____ were Saturday.   매일이 토요일이었으면 좋겠어요.

C 한글을 영어로 바꿔 써보세요.

1 나한테 최고의 요일은 토요일이에요.

_____

2 아침에 늦게 일어날 수 있어요.

_____

3 게다가 친구하고 공원에 갈 수 있어요.

_____

4 매일이 토요일이었으면 좋겠어요.

_____

D 최고의 요일에 대해 자신만의 글을 써보세요.

| 의견 | Best day of the week is _____ for me. |

| 이유1 | I _____. |

| 이유2 | Plus, I _____ with _____. |

| 결론 | I wish _____. |

A 영어 표현에 알맞은 뜻을 연결해 보세요.

1 draw animals •   • 무서워 보이다

2 serve spaghetti •   • 동물을 그리다

3 wear glasses •   • 스파게티를 팔다

4 look scary •   • 안경을 쓰다

5 taste delicious •   • 맛이 좋다

6 win the gold medals •   • 금메달을 따다

B 의미에 맞게 단어의 순서를 알맞게 배열해 보세요.

1 She / beautiful and kind / is
그녀는 아름답고 친절해요.

→ _____

2  three big horns / on their heads / There are
공룡의 머리에는 3개의 큰 뿔이 있어요.

→ _____

3  like to / share them / I / with my friends
나는 친구들과 젤리를 나눠먹는 것을 좋아해요.

→ _____

4  runs fast / like / He / a lightning
그는 번개처럼 빨리 달려요.

→ _____

C 다음 문장에서 틀린 부분을 고쳐 쓰세요.

1 i get up late on the morning.

→ _____

2 There are many things to do likes skiing, sledding, and skating?

→ _____

3 it look cute and funny

→ _____

4 i is happy when I play with him?

→ _____

D 의견이나 결론에 알맞은 이유를 찾아 기호를 써 보세요.

의견/결론
1 Best day of the week is Saturday for me. ☐
2 I love snowy days. ☐
3 The best invention is the smart phone. ☐
4 Beethoven is the best musician. ☐

이유
a I can call and take pictures
b I get up late in the morning.
c I can also have a snow fight.
d He created so many great works.

WHY?

Writing Tip 03

Linking Words (연결어)

단어와 단어, 구와 구, 문장과 문장 등 아이디어와 아이디어를 연결할 때 쓰는 단어를 '연결어'라고 하는데요. 어떤 연결어들이 있는지 함께 알아봐요.

✅ and 그리고

비슷한 내용을 덧붙일 때, 두 가지를 연결해서 말할 때 쓸 수 있어요.

ex I like the sea and the sky.

나는 바다와 하늘을 좋아해요.

✅ but 그러나

앞에 나온 내용과 반대되는 사실을 이어서 말할 때 써요.

ex They look scary but eat grass.

그들은 무서워 보이지만 풀을 먹어요.

✅ before / after ~전에/~후에, ~하고 나서

사건의 순서가 전후 관계를 나타낼 때 사용합니다.

ex I went to bed after I finished my homework.

나는 숙제를 다 끝내고 나서 잠을 잤다.

✅ because ~때문에

발생한 일의 원인을 나타낼 때 씁니다.

ex I am afraid of water because I can't swim.

나는 수영을 할 수 없기 때문에 물을 무서워한다.

✅ if 만일 ~ 라면

아직 발생하지 않은 일을 가정해서 말할 때 사용합니다.

ex If I meet him, I would run away.

만약에 그를 만난다면 나는 도망칠 것이다.

PART
3

I Prefer

Unit 28 Winter or Summer

여러분은 여름과 겨울 중에 어느 계절을 더 좋아하나요? 왜 그 계절이 더 좋은지, 어떤 활동을 할 수 있는지 생각해서 적어보세요.

1 I prefer winter to summer.
나는 겨울을 여름보다 더 좋아해요.

2 We have some snow in winter.
겨울에는 눈이 와요.

3 I like to build a snowman and ride a sled.
나는 눈사람을 만들고 눈썰매를 타는 것이 좋아요.

4 I can do many fun activities in winter.
겨울에는 많은 재미있는 활동을 할 수 있어요.

More Expressions

I like to swim in the swimming pool.   나는 수영장에서 수영하는 것을 좋아해요.

I can eat watermelon in summer.   나는 여름에 수박을 먹을 수 있어요.

A 영어 표현과 알맞은 그림을 연결해 보세요.

a

b

c

build a snowman   ride a sled   have some snow

B 빈칸에 알맞은 단어를 넣어 문장을 완성해 보세요.

1 I _____ winter to summer. 나는 겨울을 여름보다 더 좋아해요.

2 We _____ in winter. 겨울에는 눈이 와요.

3 I like to build a snowman and _____.

나는 눈사람을 만들고 눈썰매를 타는 것이 좋아요.

4 I can do many _____ in winter. 겨울에는 많은 재미있는 활동을 할 수 있어요.

C 한글을 영어로 바꿔 써보세요.

1 나는 겨울을 여름보다 더 좋아해요.

_____

2 겨울에는 눈이 와요.

_____

3 나는 눈사람을 만들고 눈썰매를 타는 것이 좋아요.

_____

4 겨울에는 많은 재미있는 활동을 할 수 있어요.

_____

D 더 좋아하는 계절에 대해 자신만의 글을 써보세요.

| 의견 | I prefer _____ to _____. |

| 이유1 | We have _____ in _____. |

| 이유2 | I like to _____. |

| 결론 | I can do _____ in _____. |

오늘의 4문장 | 여러분은 햄버거와 피자 중에 어떤 음식을 더 좋아하나요? 여러분이 더 먹고 싶은 음식을 고르고 그 이유를 생각해 보세요.

1 **I like pizza more than burgers.**
나는 햄버거보다 피자를 더 좋아해요.

2 **There are many different types of pizza.**
다양한 종류의 피자가 있어요.

3 **I can share pizza slices with my family.**
가족들과 피자를 나누어 먹을 수 있어요.

4 **Pizza is the king of food.**
피자는 음식 중에 최고예요.

More Expressions

I am a meat-lover.   나는 고기를 먹는 것을 좋아해요.

Burgers are easy to make and eat.   버거는 만들기도 쉽고 먹기도 쉬워요.

A 영어 표현과 알맞은 그림을 연결해 보세요.

a

b
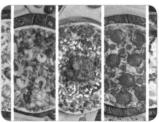

c

•   •   •

•   •   •

share   different types of pizza   burger

B 빈칸에 알맞은 단어를 넣어 문장을 완성해 보세요.

1 I like _____ more than _____. 나는 햄버거보다 피자를 더 좋아해요.

2 There are many _____. 다양한 종류의 피자가 있어요.

3 I can _____ with my family. 가족들과 피자를 나누어 먹을 수 있어요.

4 Pizza is the _____. 피자는 음식 중에 최고예요.

C 한글을 영어로 바꿔 써보세요.

1 나는 햄버거보다 피자를 더 좋아해요.

_____

2 다양한 종류의 피자가 있어요.

_____

3 가족들과 피자를 나누어 먹을 수 있어요.

_____

4 피자는 음식 중에 최고예요.

_____

D 피자와 햄버거 중에 더 좋아하는 것에 대해 자신만의 글을 써보세요.

| 의견 | I like _____ more than _____. |

| 이유1 | There are many _____. |

| 이유2 | I can share _____ with my family. |

| 결론 | _____ is the king of food. |

30 Tiger or Lion

여러분은 동물의 왕이라고 불리우는 사자와 호랑이 중에 어떤 동물을 더 좋아하나요?
그 이유를 생각해서 적어보세요.

1 **I prefer lions to tigers.**
나는 호랑이보다 사자가 더 좋아요.

2 **They can run fast and jump high.**
사자는 빨리 달릴 수 있고 높이 점프할 수 있어요.

3 **I like the lion's mane.**
나는 사자의 갈기가 좋아요.

4 **I think the lion is the coolest animal in the world.**
나는 사자가 세계에서 가장 멋진 동물이라고 생각해요.

More Expressions

The tiger is the largest wild cat.

호랑이는 야생 고양이과 동물 중에 가장 커요.

They have a wonderful pattern of stripes.

그들은 멋진 줄무늬를 가지고 있어요.

A 영어 표현과 알맞은 그림을 연결해 보세요.

a

b

c

run fast

jump high

mane

B 빈칸에 알맞은 단어를 넣어 문장을 완성해 보세요.

1 I prefer _____ to _____. 나는 호랑이보다 사자가 더 좋아요.

2 They can _____ and jump high. 사자는 빨리 달릴 수 있고 높이 점프할 수 있어요.

3 I like the _____. 나는 사자의 갈기가 좋아요.

4 I think the lion _____ in the world.
나는 사자가 세계에서 가장 멋진 동물이라고 생각해요.

C 한글을 영어로 바꿔 써보세요.

1 나는 호랑이보다 사자가 더 좋아요.

_____

2 사자는 빨리 달릴 수 있고 높이 점프할 수 있어요.

_____

3 나는 사자의 갈기가 좋아요.

_____

4 나는 사자가 세계에서 가장 멋진 동물이라고 생각해요.

_____

D 사자와 호랑이 둘 중에 더 좋아하는 동물에 대해 자신만의 글을 써보세요.

| 의견 | I prefer _____ to _____. |

| 이유1 | They can _____. |

| 이유2 | I like _____. |

| 결론 | I think _____ is the coolest animal in the world. |

Unit 31 Superman or Spiderman

오늘의 4문장 만약 여러분이 슈퍼히어로가 될 수 있다면 슈퍼맨이 되고 싶은가요. 아니면 스파이더맨이 되고 싶은가요. 둘 중 하나를 고르고 그 이유를 적어 보세요.

1. **I would like to be Superman more than Spiderman.**
   나는 스파이더맨보다 슈퍼맨이 되고 싶어요.

2. **He can fly and shoot red-hot beams out of his eyes.**
   그는 날 수 있고 눈에서 적외선도 나와요.

3. **He is kind, so he always helps others.**
   그는 친절해서 항상 다른 사람들을 도와줘요.

4. **I would prefer to be Superman.**
   나는 슈퍼맨이 더 되고 싶어요.

More Expressions

He is super strong, so he is able to lift 10 tons.   그는 정말 강해서 10톤도 들 수 있어요.

He is a web-shooter and the webs are stronger than steel.   그는 거미줄을 쏘고 거미줄은 강철보다 강해요.

A 영어 표현과 알맞은 그림을 연결해 보세요.

a

b

c

● ● ●

● ● ●

fly   shoot red - hot beams   help others

B 빈칸에 알맞은 단어를 넣어 문장을 완성해 보세요.

1 I would like to be Superman more than _____.
나는 스파이더맨보다 슈퍼맨이 되고 싶어요.

2 He can fly and _____ out of his eyes.   그는 날 수 있고 눈에서 적외선도 나와요.

3 He is kind, so he always _____.   그는 친절해서 항상 다른 사람들을 도와줘요.

4 I would _____ Superman.   나는 슈퍼맨이 더 되고 싶어요.

C 한글을 영어로 바꿔 써보세요.

1 나는 스파이더맨보다 슈퍼맨이 되고 싶어요.

_____

2 그는 날 수 있고 눈에서 적외선도 나와요.

_____

3 그는 친절해서 항상 다른 사람들을 도와줘요.

_____

4 나는 슈퍼맨이 더 되고 싶어요.

_____

D 슈퍼맨과 스파이더맨 중에 더 좋아하는 슈퍼히어로에 대해 자신만의 글을 써보세요.

| 의견 | I would like to be _____ more than _____ . |

| 이유1 | He can _____ . |

| 이유2 | He is _____ . |

| 결론 | I prefer to be _____ . |

오늘의 4문장

상어와 돌고래 중에 어떤 바다생물을 더 좋아하나요? 힘이 세고 무서운 상어인가요.
아니면 똑똑하고 귀여운 돌고래 인가요? 왜 좋아하는지 이유를 적어보세요.

1 **I prefer dolphins to sharks.**
나는 상어보다 돌고래를 더 좋아해요.

2 **Dolphins are as smart as chimpanzees.**
돌고래는 침팬지만큼 똑똑해요.

3 **They can use echoes to find food.**
그들은 먹이를 찾기 위해 메아리를 이용할 수 있어요.

4 **I want to swim with dolphins in the sea.**
나는 바다에서 돌고래와 수영하고 싶어요.

More Expressions

Not all sharks are dangerous to humans. 모든 상어가 인간에게 위험한 것은 아니에요.

Some sharks can swim very fast. 어떤 상어는 정말 빨리 수영할 수 있어요.

A 영어 표현과 알맞은 그림을 연결해 보세요.

a

b

c

•   •   •

•   •   •

dolphin   shark   chimpanzee

B 빈칸에 알맞은 단어를 넣어 문장을 완성해 보세요.

1 I _____ to sharks. 나는 상어보다 돌고래를 더 좋아해요.

2 Dolphins are _____ chimpanzees. 돌고래는 침팬지만큼 똑똑해요.

3 They can _____ to find food. 그들은 먹이를 찾기 위해 메아리를 이용할 수 있어요.

4 I want to _____ in the sea. 나는 바다에서 돌고래와 수영하고 싶어요.

C 한글을 영어로 바꿔 써보세요.

1 나는 상어보다 돌고래를 더 좋아해요.

_____

2 돌고래는 침팬지만큼 똑똑해요.

_____

3 그들은 먹이를 찾기 위해 메아리를 이용할 수 있어요.

_____

4 나는 바다에서 돌고래와 수영하고 싶어요.

_____

D 상어와 돌고래 중에 더 좋아하는 동물에 대해 자신만의 글을 써보세요.

| 의견 | I prefer _____ to _____. |

| 이유1 | _____ are as smart as _____. |

| 이유2 | They can _____. |

| 결론 | I want to _____ in the sea. |

Unit 33 Short Hair or Long Hair

오늘의 4문장 원하는 머리를 할 수 있다면 짧은 머리가 좋은가요? 긴 머리가 좋은가요? 그 이유는 무엇인가요?

1 **I always cut my hair short.**
나는 항상 머리를 짧게 잘라요.

2 **It dries faster after showering.**
샤워를 하고 나면 머리가 빨리 말라요.

3 **It is easy to brush.**
머리 빗기도 쉬워요.

4 **I think short hair is better than long hair.**
나는 긴 머리보다 짧은 머리가 좋아요.

More Expressions

It looks beautiful.   그것은 예뻐 보여요.

It keeps my neck warm in winter.   그것은 겨울에 목을 따뜻하게 해줘요.

A 영어 표현과 알맞은 그림을 연결해 보세요.

a

b

c

cut one's hair short   dry   brush

B 빈칸에 알맞은 단어를 넣어 문장을 완성해 보세요.

1 I always cut _____. 나는 항상 머리를 짧게 잘라요.

2 It dries faster _____. 샤워를 하고 나면 머리가 빨리 말라요.

3 It is _____. 머리 빗기도 쉬워요.

4 I think short hair _____. 나는 긴 머리보다 짧은 머리가 좋아요.

C 한글을 영어로 바꿔 써보세요.

1 나는 항상 머리를 짧게 잘라요.

_____

2 샤워를 하고 나면 머리가 빨리 말라요.

_____

3 머리 빗기도 쉬워요.

_____

4 나는 긴 머리보다 짧은 머리가 좋아요.

_____

D 짧은 머리와 긴 머리 무엇이 더 좋은지 자신만의 글을 써보세요.

| 의견 | I always cut my hair _____. |

| 이유1 | It _____. |

| 이유2 | It is _____ to _____. |

| 결론 | I think _____ is better than _____. |

34 City or Country

도시와 시골. 둘 중 살 곳을 정해야 한다면 어디서 살고 싶나요? 그곳은 어떤 특징이 있고 거기서 살고 싶은 이유인가요?

1 **I prefer the city to the country.**
나는 시골보다는 도시가 더 좋아요.

2 **There are many facilities in the city such as school, shops, etc.** 도시에는 학교, 가게 등 많은 시설이 있어요.

3 **For example, I can buy something easily.**
예를 들어, 나는 물건을 쉽게 살 수 있어요.

4 **The city is so convenient to live in.**
도시는 살기에 아주 편리합니다.

More Expressions

The view in the country is natural and beautiful. 시골의 경치는 자연스럽고 아름답습니다.

The air is fresh and clean in the country. 시골에서는 공기가 상쾌하고 깨끗합니다.

A 영어 표현과 알맞은 그림을 연결해 보세요.

a

b

c

country

shops

buy

B 빈칸에 알맞은 단어를 넣어 문장을 완성해 보세요.

1 I prefer the city to the _____. 나는 시골보다는 도시가 더 좋아요.

2 There are many _____ in the city such as school, shops, etc.
도시에는 학교, 가게 등 많은 시설이 있어요.

3 For example, I can _____ something easily. 예를 들어, 나는 물건을 쉽게 살 수 있어요.

4 The _____ is so convenient to live in. 도시는 살기에 아주 편리합니다.

C 한글을 영어로 바꿔 써보세요.

1 나는 시골보다는 도시가 더 좋아요.

_____

2 도시에는 학교, 가게 등 많은 시설이 있어요.

_____

3 예를 들어, 나는 물건을 쉽게 살 수 있어요.

_____

4 도시는 살기에 아주 편리합니다.

_____

D 도시와 시골 어디가 좋은지 자신만의 글을 써보세요.

| 의견 | I prefer _____ to _____. |

| 이유 | There are _____. |

| 예시 | For example, I can _____. |

| 결론 | _____ is _____ to live in. |

35 Singing or Dancing

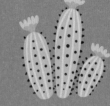

장기자랑에 나가게 됐다고 상상해 보세요. 노래와 춤 중에서 골라 하나를 해야 한다면 무엇을 하고 싶나요? 그 이유는 무엇인지 써보세요.

1 **I like singing better than dancing.**
나는 춤보다 노래를 더 잘해요.

2 **People say that I have a pretty voice.**
사람들은 제가 예쁜 목소리를 가졌다고 해요.

3 **I am very good at singing.**
저는 노래에 재능이 있어요.

4 **I really like to sing.**
저는 노래 부르는 게 정말 좋아요.

More Expressions

I love moving to music. 저는 음악에 맞춰서 움직이는 게 좋아요.

I want to be a dancing queen someday. 저는 언젠가 댄싱 퀸이 되고 싶어요.

A 영어 표현과 알맞은 그림을 연결해 보세요.

a

b

c

• • •

• • •

sing   dance   like

B 빈칸에 알맞은 단어를 넣어 문장을 완성해 보세요.

1 I like _____ better than dancing.   나는 춤보다 노래를 더 잘해요.

2 People say that I have a pretty _____.   사람들은 제가 예쁜 목소리를 가졌다고 해요.

3 I am very _____ at singing.   저는 노래에 재능이 있어요.

4 I really _____ to sing.   저는 노래 부르는 게 정말 좋아요.

C 한글을 영어로 바꿔 써보세요.

1 나는 춤보다 노래를 더 잘해요.

_____

2 사람들은 제가 예쁜 목소리를 가졌다고 해요.

_____

3 저는 노래에 재능이 있어요.

_____

4 저는 노래 부르는 게 정말 좋아요.

_____

D 노래와 춤 중에서 무엇이 더 좋은지 자신만의 글을 써보세요.

| 의견 | I like _____ better than _____. |

| 이유1 | People say that I _____. |

| 이유2 | I am very good at _____. |

| 결론 | I really like to _____. |

Unit 36 Playing Sports or Watching Sports

오늘의 4문장 스포츠를 하는 것을 좋아하나요 아니면 보는 것을 좋아하나요? 그리고 왜 그런지 이유를 써보세요.

1 I prefer playing sports to watching sports.
나는 스포츠를 보는 것보다 하는 것을 더 좋아해요.

2 Playing sports is exciting.
스포츠를 하는 것은 신나요.

3 It can make my body strong.
스포츠를 하면 내 몸이 튼튼해 져요.

4 I always enjoy playing sports.
나는 항상 스포츠를 하는 게 즐거워요.

More Expressions

I like to watch sports with my family.   나는 가족들과 스포츠를 보는 것을 좋아해요.

I can relax when I watch my favorite team play.   나는 좋아하는 팀의 경기를 보면서 쉴 수 있어요.

A 영어 표현과 알맞은 그림을 연결해 보세요.

a

b

c

•

•

playing sports

exciting

strong

B 빈칸에 알맞은 단어를 넣어 문장을 완성해 보세요.

1 I prefer _____ sports to watching sports.
나는 스포츠를 보는 것보다 하는 것을 더 좋아해요.

2 Playing sports is _____. 스포츠를 하는 것은 신나요.

3 It can make my body _____. 스포츠를 하면 내 몸이 튼튼해 져요.

4 I always _____ playing sports. 나는 항상 스포츠를 하는 게 즐거워요.

C 한글을 영어로 바꿔 써보세요.

1 나는 스포츠를 보는 것보다 하는 것을 더 좋아해요.
_____

2 스포츠를 하는 것은 신나요.
_____

3 스포츠를 하면 내 몸이 튼튼해 져요.
_____

4 나는 항상 스포츠를 하는 게 즐거워요.
_____

D 스포츠를 하는 것과 보는 것 중 무엇이 더 좋은지 자신만의 글을 써보세요.

| 의견 | I prefer _____. |

| 이유1 | _____ is _____. |

| 이유2 | It can make _____. |

| 결론 | I always _____. |

37 Mountains or Beaches

오늘의 4문장

만약 놀러가게 된다면 산에 놀러 가고 싶나요? 아니면 바다에 놀러 가고 싶나요?
그곳에 가고 싶은 이유는 무엇인가요? 또 거기에서 무엇을 하고 싶은가요?

1 I prefer the mountains to the beaches.
나는 바다보다 산이 더 좋아요.

2 I am able to breathe fresh air.
나는 신선한 공기를 마실 수 있어요.

3 I am able to see the beautiful scenery.
아름다운 경치도 볼 수 있어요.

4 Mountains are really nice places.
산은 정말 좋은 곳이에요.

More Expressions

I am able to look for interesting fish. 나는 흥미로운 물고기를 찾아볼 수 있어요.

I am able to go swimming. 나는 수영하러 갈 수 있어요.

A 영어 표현과 알맞은 그림을 연결해 보세요.

a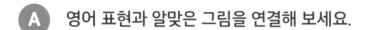

b

c

• •

• • •

mountain　　　　　breathe fresh air　　　　scenery

B 빈칸에 알맞은 단어를 넣어 문장을 완성해 보세요.

1 I _____ the mountains to the beaches. 나는 바다보다 산이 더 좋아요.

2 I am able to _____ fresh air. 나는 신선한 공기를 마실 수 있어요.

3 I am able to see the beautiful _____. 아름다운 경치도 볼 수 있어요.

4 Mountains are really nice _____. 산은 정말 좋은 곳이에요.

C 한글을 영어로 바꿔 써보세요.

1 나는 바다보다 산이 더 좋아요.

_____

2 나는 신선한 공기를 마실 수 있어요.

_____

3 아름다운 경치도 볼 수 있어요.

_____

4 산은 정말 좋은 곳이에요.

_____

D 산이 더 좋은지 바다가 더 좋은지에 대해 자신만의 글을 써보세요.

| 의견 | I prefer _____ to _____. |

| 이유1 | I am able to _____. |

| 이유2 | I am able to _____. |

| 결론 | _____ are really nice places. |

Review 04 (Unit 28~37)

A 영어 표현에 알맞은 뜻을 연결해 보세요.

1 share •   • 시골

2 run fast •   • 빨리 달리다

3 ride a sled •   • 신나는, 흥미진진한

4 breathe fresh air •   • 나누다, 공유하다

5 exciting •   • 신선한 공기를 마시다

6 country •   • 썰매를 타다

B 의미에 맞게 단어의 순서를 알맞게 배열해 보세요.

1  is / The city / to live in / so convenient.
도시는 살기에 편합니다.

→ _____

2  faster / It / after showering / dries.
샤워를 하고 나면 머리가 빨리 말라요.

→ _____

3 echoes / can use / to find / They / the food.
그들은 먹이를 찾기 위해 메아리를 이용할 수 있어요.

→ _____

4 jump high / run fast / They can / and.
그들은 빨리 달리고 높이 점프할 수 있어요.

→ _____

C 다음 문장에서 틀린 부분을 고쳐 쓰세요.

1 There are many different types of pizza?

→ _____

2 We have many snow in winter,

→ _____

3 I likes singing better than dance.

→ _____

4 I prefer play sports of watching sports.

→ _____

D 의견이나 결론에 알맞은 이유를 찾아 기호를 써 보세요.

의견/결론
1 I prefer the mountains to the beach. ☐
2 Playing sport is exciting. ☐
3 I think short hair is better than long hair. ☐
4 I like pizza more than burgers. ☐

이유
a I always enjoy playing sports.
b It is easy to brush.
c I am able to see the beautiful scenery.
d I can share pizza slices with my family.

WHY?

Punctuation (구두점)

글을 쓸 때 사용하는 구두점은 글을 올바르게 읽고 이해하는데 필요합니다.
어떤 구두점 표시가 있는지 함께 알아볼까요?

⊘ period (.) 마침표

문장을 마칠 때 또는 단어의 약자나 생략형을 표시하는데 사용합니다.
ex I like green apples.

⊘ comma (,) 쉼표

여러 단어를 나열 할 때나 동격을 나타내는 두 단어 사이에 찍어줍니다.
ex She bought pencils, erasers, notebooks and books.

⊘ question mark (?) 물음표

물어보는 질문형 문장의 끝에 사용합니다.
ex How do you feel today?

⊘ exclamation mark (!) 느낌표

감탄형 문장의 끝에 사용합니다.
ex What a wonderful world!

⊘ apostrophe (') 어파스트로피

소유를 나타내거나, 축약할 때, 부정형의 축약형에 사용합니다.
ex Mom's bag, Two week's notice, can't

⊘ quotation mark (" ") 따옴표

다른 사람이 말한 것을 인용해서 쓸 때 사용합니다.
ex Jenny asked me, "What did you do yesterday?"

PART

4

The Things I want

Unit 38 Birthday Present

오늘의 4문장

여러분은 생일 선물로 무엇을 받고 싶은가요? 받고 싶은 생일 선물이 무엇인지, 그리고 왜 받고 싶은지 이유를 써 보세요.

1 I want a bike for my birthday.
나는 생일에 자전거를 갖고 싶어요.

2 I can't ride a bike, so I want to learn.
나는 자전거를 못 타서 배우고 싶어요.

3 I would like to ride a bike to school every day.
나는 매일 자전거를 타고 학교에 가고 싶어요.

4 Can I have a bike for a present?
내가 선물로 자전거를 가질 수 있을까요?

More Expressions

I want to have a new bag for a birthday present.   나는 선물로 새 가방을 갖고 싶어요.

My swimsuit is too small so I want to have new one.   내 수영복이 너무 작아서 새 것이 필요해요.

A 영어 표현과 알맞은 그림을 연결해 보세요.

a

b

c

•   •   •

•   •   •

ride a bike   learn   birthday present

B 빈칸에 알맞은 단어를 넣어 문장을 완성해 보세요.

1 I want a bike _____. 나는 생일에 자전거를 갖고 싶어요.

2 I can't _____, so I want to learn. 나는 자전거를 못 타서 배우고 싶어요.

3 I would like to ride a bike _____.
나는 매일 자전거를 타고 학교에 가고 싶어요.

4 Can I have a bike _____? 내가 선물로 자전거를 가질 수 있을까요?

C 한글을 영어로 바꿔 써보세요.

1 나는 생일에 자전거를 갖고 싶어요.

_____

2 나는 자전거를 못 타서 배우고 싶어요.

_____

3 나는 매일 자전거를 타고 학교에 가고 싶어요.

_____

4 내가 선물로 자전거를 가질 수 있을까요?

_____

D 생일 선물로 받고 싶은 선물에 대해 자신만의 글을 써보세요.

| 의견 | I want _____ for my birthday. |

| 이유1 | I _____, so I want to learn. |

| 이유2 | I would like to _____ every day. |

| 결론 | Can I have _____ for a present? |

오늘의 4문장

여러분은 자신의 미래에 대해서 생각해본 적이 있나요? 나중에 커서 무엇이 되고 싶나요?
왜 되고 싶은지 이유를 생각해 보세요.

1 **I want to be a great singer in the future.**
나는 미래에 훌륭한 가수가 되고 싶어요.

2 **I am good at singing.**
나는 노래를 잘해요.

3 **I like to sing in front of people.**
나는 사람들 앞에서 노래하는 것을 좋아해요.

4 **I want to travel all over the world as a singer.**
나는 가수로서 전 세계를 다니면서 여행하고 싶어요.

More Expressions

I have a dream to be a doctor.　　나는 의사가 되고 싶은 꿈이 있어요.

I want to help sick people.　　나는 아픈 사람들을 돕고 싶어요.

A 영어 표현과 알맞은 그림을 연결해 보세요.

a

b

c

singer　　　　　　　in front of　　　　travel all over the world

B 빈칸에 알맞은 단어를 넣어 문장을 완성해 보세요.

1 I want to be _____ in the future. 나는 미래에 훌륭한 가수가 되고 싶어요.

2 I _____ singing. 나는 노래를 잘해요.

3 I like to sing _____. 나는 사람들 앞에서 노래하는 것을 좋아해요.

4 I want to travel _____ as a singer.
나는 가수로서 전 세계를 다니면서 여행하고 싶어요.

C 한글을 영어로 바꿔 써보세요.

1 나는 미래에 훌륭한 가수가 되고 싶어요.

_____

2 나는 노래를 잘해요.

_____

3 나는 사람들 앞에서 노래하는 것을 좋아해요.

_____

4 나는 가수로서 전 세계를 다니면서 여행하고 싶어요.

_____

D 자신의 장래 희망에 대해 자신만의 글을 써보세요.

| 의견 | I want to be a _____ in the future. |

| 이유1 | I am good at _____. |

| 이유2 | I like to _____. |

| 결론 | I want to _____. |

오늘의 4문장   여러분은 산타할아버지께 크리스마스 때 무슨 선물을 받고 싶은가요? 산타할아버지께 무슨 선물을 받고 싶은지 왜 받고 싶은지 이유를 써 보세요.

1 **Dear Santa, I want to have a computer for Christmas.**
산타할아버지께, 저는 크리스마스 선물로 컴퓨터를 갖고 싶어요.

2 **All my friends have their own computers.**
제 친구들은 모두 자기 컴퓨터를 가지고 있어요.

3 **I can play games and do my homework with it.**
전 컴퓨터로 게임도 하고 숙제도 할 수 있어요.

4 **Please bring me a computer for a present.**
꼭 선물로 제게 컴퓨터를 가져다 주세요.

More Expressions

I have been good this year.   전 올해 착하게 지내왔어요.

I want to have a younger sister to play with.   함께 놀 수 있는 여동생을 갖고 싶어요.

A 영어 표현과 알맞은 그림을 연결해 보세요.

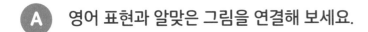

a

b

c

•   •   •

•   •   •

computer   do my homework   bring

B 빈칸에 알맞은 단어를 넣어 문장을 완성해 보세요.

1 Dear Santa, I want to _____ for Christmas.

산타할아버지께, 저는 크리스마스 선물로 컴퓨터를 갖고 싶어요.

2 _____ have their own computers. 제 친구들은 모두 컴퓨터를 가지고 있어요.

3 I can play games and _____ with it. 전 컴퓨터로 게임도 하고 숙제도 할 수 있어요.

4 Please _____ for a present. 꼭 선물로 제게 컴퓨터를 가져다 주세요.

C 한글을 영어로 바꿔 써보세요.

1 산타할아버지께, 저는 크리스마스 선물로 컴퓨터를 갖고 싶어요.

_____

2 제 친구들은 모두 자기 컴퓨터를 가지고 있어요.

_____

3 전 컴퓨터로 게임도 하고 숙제도 할 수 있어요.

_____

4 꼭 선물로 제게 컴퓨터를 가져다 주세요.

_____

D 크리스마스에 받고 싶은 선물에 대해 자신만의 글을 써보세요.

| 의견 | Dear Santa, I want to have _____ for Christmas. |

| 이유1 | All my friends have their _____. |

| 이유2 | I can _____ with it. |

| 결론 | Please bring me a _____ for a present. |

Unit 41 Pet

여러분은 어떤 애완동물을 키우고 싶나요? 키우고 싶은 애완동물과 왜 그 동물을 키우고 싶은지 이유를 써 보세요.

1 **I want a dog for a pet.**
나는 애완동물로 강아지가 갖고 싶어요.

2 **Dogs are smart so I can teach it many things.**
강아지는 영리해서 많은 것을 가르칠 수 있어요.

3 **I can have more responsibility for taking care of her.**
나는 강아지를 돌보면서 책임감을 더 가질 수 있어요.

4 **I really want to have a dog for a pet.**
나는 애완동물로 강아지를 정말 원해요.

More Expressions

It can make me more active. 그것은 나를 더 활동적으로 만들어 줄 수 있어요.

I can go for a walk with her. 나는 강아지와 산책을 갈 수 있어요.

A 영어 표현과 알맞은 그림을 연결해 보세요.

a

b

c

•   •   •

•   •   •

take care of   go for a walk   pet

B 빈칸에 알맞은 단어를 넣어 문장을 완성해 보세요.

1 I want a dog _____.   나는 애완동물로 강아지가 갖고 싶어요.

2 Dogs are smart so I can _____.   강아지는 영리해서 많은 것을 가르칠 수 있어요.

3 I can have more responsibility for _____ her.

나는 강아지를 돌보면서 책임감을 더 가질 수 있어요.

4 I really want to _____ for a pet.   나는 애완동물로 강아지를 정말 원해요.

C 한글을 영어로 바꿔 써보세요.

1 나는 애완동물로 강아지가 갖고 싶어요.

_____

2 강아지는 영리해서 많은 것을 가르칠 수 있어요.

_____

3 나는 강아지를 돌보면서 책임감을 더 가질 수 있어요.

_____

4 나는 애완동물로 강아지를 정말 원해요.

_____

D 키우고 싶은 애완동물에 대해 자신만의 글을 써보세요.

| 의견 | I want _____ for a pet. |

| 이유1 | _____ smart so I can teach many things. |

| 이유2 | I can _____ for taking care of her. |

| 결론 | I really want to have _____ for a pet. |

Unit

42 Lunch

오늘의 4문장

오늘 점심에 먹고 싶은 메뉴가 있나요? 무슨 종류의 음식인가요? 그 음식은 어떤 맛이 나나요?
그 음식을 먹고 싶은 이유를 적어 보세요.

1 **I want to eat instant noodles for lunch.**
나는 점심에 라면을 먹고 싶어요.

2 **It only takes 3 minutes to prepare.**
그것은 준비하는데 3분이면 돼요.

3 **There are so many flavors of ramen.**
아주 다양한 맛의 라면이 있어요.

4 **It makes my mouth water.**
그것은 군침이 돌게 만들어요.

More Expressions

Ramen is not expensive.   라면은 비싸지 않아요.

But its taste is very delicious.   하지만 맛은 아주 좋아요.

A 영어 표현과 알맞은 그림을 연결해 보세요.

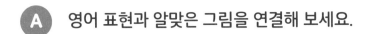

a

b

c

•   •   •

•   •   •

noodle   take three minutes   water

B 빈칸에 알맞은 단어를 넣어 문장을 완성해 보세요.

1 I want to eat _____ for lunch.   나는 점심에 라면을 먹고 싶어요.

2 It only _____ 3 minutes to prepare.   그것은 준비하는데 3분이면 돼요.

3 _____ so many flavors of ramen.   아주 다양한 맛의 라면이 있어요.

4 It makes _____.   그것은 군침이 돌게 만들어요.

C 한글을 영어로 바꿔 써보세요.

1 나는 점심에 라면을 먹고 싶어요.

_____

2 그것은 준비하는데 3분이면 돼요.

_____

3 아주 다양한 맛의 라면이 있어요.

_____

4 그것은 군침이 돌게 만들어요.

_____

D 점심에 먹고 싶은 음식에 대해 자신만의 글을 써보세요.

| 의견 | I want to eat _____ for lunch. |

| 이유1 | It only takes _____. |

| 이유2 | There are _____. |

| 결론 | It makes _____. |

43 I'm Afraid of …

여러분은 무서워하는 것이 있나요? 유령이나 상어 등 여러분이 무서워하는 것이 무엇인지, 그리고 왜 그런지 이유를 적어 보세요.

1 I am afraid of vampires.
나는 뱀파이어가 무서워요.

2 They don't like the Sun, so they move only at night. 그들은 태양을 싫어해서 밤에만 움직여요.

3 They are afraid of crosses and garlic.
그들은 십자가와 마늘을 무서워해요.

4 If I meet one, I would run away.
나는 만약 그것을 만나면 도망갈 거예요.

More Expressions

I am afraid of water because I can't swim.   나는 수영을 못해서 물이 무서워요.

Whenever I see a bug, I always scream.   나는 벌레를 볼 때마다 소리쳐요.

A 영어 표현과 알맞은 그림을 연결해 보세요.

a

b

c

run away   cross   garlic

B 빈칸에 알맞은 단어를 넣어 문장을 완성해 보세요.

1 I _____ vampires.   나는 뱀파이어가 무서워요.

2 They don't like the Sun, so they _____.
그들은 태양을 싫어해서 밤에만 움직여요.

3 They are afraid of _____.   그들은 십자가와 마늘을 무서워해요.

4 If I meet one, I would _____.   내가 그를 만나면 도망갈 거예요.

C 한글을 영어로 바꿔 써보세요.

1 나는 뱀파이어가 무서워요.

_____

2 그들은 태양을 싫어해서 밤에만 움직여요.

_____

3 그들은 십자가와 마늘을 무서워해요.

_____

4 나는 만약 그것을 만나면 도망갈 거예요.

_____

D 무서워하는 것이 무엇인지 자신만의 글을 써보세요.

의견   I am afraid of _____.

이유1   They don't like _____.

이유2   They are _____.

결론   If I meet one, I would _____.

Unit 44 The Place to Visit

오늘의 4문장 여름에 놀러가고 싶은 곳은 어디인가요? 그곳에는 무엇이 있나요? 주로 무슨 활동을 할 수 있나요? 그곳에 가면 어떤 기분이 드는지 써보세요.

1 **I want to visit a water park in summer.**
나는 여름에 워터파크에 놀러가고 싶어요.

2 **It has a swimming pool and water slides.**
그곳에는 수영장과 슬라이드가 있어요.

3 **I can ride them again and again.**
나는 그것들을 계속 탈 수 있어요.

4 **I wish summer would come soon.**
나는 여름이 빨리 왔으면 좋겠어요.

More Expressions

I can meet new friends.   나는 새로운 친구를 사귈 수 있어요.

It is fun to play with them.   그들과 노는 게 재미있어요.

A 영어 표현과 알맞은 그림을 연결해 보세요.

a

b

c

•　　　　　　　　　•　　　　　　　　　•

•　　　　　　　　　•　　　　　　　　　•

visit　　　swimming pool and water slides　　　ride

B 빈칸에 알맞은 단어를 넣어 문장을 완성해 보세요.

1 I want to _____ a water park in summer. 나는 여름에 워터파크에 놀러가고 싶어요.

2 It has a _____ and _____. 그곳에는 수영장과 슬라이드가 있어요.

3 I can _____ them again and again. 나는 그것들을 계속 탈 수 있어요.

4 I wish _____ would come soon. 나는 여름이 빨리 왔으면 좋겠어요.

C 한글을 영어로 바꿔 써보세요.

1 나는 여름에 워터파크에 놀러가고 싶어요.

_____

2 그곳에는 수영장과 슬라이드가 있어요.

_____

3 나는 그것들을 계속 탈 수 있어요.

_____

4 나는 여름이 빨리 왔으면 좋겠어요.

_____

D 여름에 방문하고 싶은 곳에 대해 자신만의 글을 써보세요.

| 의견 | I want to visit a _____ in summer. |

| 이유1 | It has _____. |

| 이유2 | I can _____. |

| 결론 | I wish _____. |

Writing Tip 05

Opinion Writing Checklist (체크리스트)

글을 다 쓰고 나면 내가 쓴 글을 다시 한번 읽어보면서 제대로 썼는지 점검해 보는 과정이 꼭 필요합니다. 아래 체크리스트를 이용해서 글의 완성도를 높여보세요!

✓ **I clearly write one topic.** ☐

나는 한 가지 주제에 대해 썼다.

✓ **I told my opinion about the topic.** ☐

나는 주제에 대한 나의 느낌을 썼다.

✓ **I gave reasons or examples to explain my opinion.** ☐

나는 의견을 설명하기 위해 이유나 예를 들었다.

✓ **I started each sentence with a capital letter.** ☐

나는 문장 첫 글자는 대문자로 시작했다.

ex my dog is very cute. → My dog is very cute.

✓ **I use finger spaces.** ☐

단어와 단어 사이에 띄어쓰기를 했다.

ex Mydogisverycute. → My ˅dog ˅is ˅very ˅cute.

✓ **I spelled words correctly.** ☐

나는 철자를 올바로 썼다.

ex My dog is very cude. → My dog is very cute.

✓ **I used periods or other punctuation to end my sentences.** ☐

나는 문장이 끝나고 나면 마침표를 찍거나 다른 구두법을 적절히 사용했다.

ex My dog is very cute → My dog is very cute.

PART

5

What I like

45 My Mom

엄마를 생각하면 어떤 게 가장 먼저 떠오르나요? 엄마는 어떤 성격이신가요? 엄마의 어떤 점을 좋아하는지 써보세요.

1 **My mom is very pleasant.**
우리 엄마는 아주 유쾌한 분이세요.

2 **She greets people all the time.**
그녀는 항상 사람들에게 인사해요.

3 **She also shares her food with neighbors.**
그녀는 음식을 이웃들과 나눠요.

4 **She always lives happily.**
그녀는 항상 행복하게 살아요.

More Expressions

My mom is very good at writing.

엄마는 글을 잘 써요.

She is the best writer in the world for me.

그녀는 저한테는 세상에서 최고의 작가예요.

 A 영어 표현과 알맞은 그림을 연결해 보세요.

a

b

c

•   •   •

•   •   •

pleasant   greet   neighbor

B 빈칸에 알맞은 단어를 넣어 문장을 완성해 보세요.

1 My mom is very _____. 우리 엄마는 아주 유쾌한 분이세요.

2 She _____ people all the time. 그녀는 항상 사람들에게 인사해요.

3 She also _____ her food with neighbors. 그녀는 음식을 이웃들과 나눠요.

4 She always _____ happily. 그녀는 항상 행복하게 살아요.

C 한글을 영어로 바꿔 써보세요.

1 우리 엄마는 아주 유쾌한 분이세요.

_____

2 그녀는 항상 사람들에게 인사해요.

_____

3 그녀는 음식을 이웃들과 나눠요.

_____

4 그녀는 항상 행복하게 살아요.

_____

D 엄마를 좋아하는 이유에 대해 자신만의 글을 써보세요.

| 의견 | My mom is very _____. |

| 이유1 | She _____ all the time. |

| 이유2 | She also _____ with neighbors. |

| 결론 | She always _____. |

오늘의 4문장

아빠에 대해 생각해 보세요. 아빠는 어떤 분이신가요? 아빠의 성격은요? 아빠의 어떤 점을 존경하는지 써보세요.

1 **I think my dad is my hero.**
나는 우리 아빠가 영웅이라고 생각해요.

2 **He helps people like a police officer.**
그는 경찰처럼 사람을 도와요.

3 **He caught the thief who stole a girl's phone.**
그는 어떤 소녀의 전화기를 훔치는 도둑을 잡았어요.

4 **He is a wonderful father.**
그는 훌륭한 아빠예요.

More Expressions

He often plays with me.   그는 저하고 자주 놀아주세요.

He also tells me jokes.   그는 내게 늘 농담도 잘해요.

A 영어 표현과 알맞은 그림을 연결해 보세요.

a

b

c

police officer   caught   thief

B 빈칸에 알맞은 단어를 넣어 문장을 완성해 보세요.

1 I think my dad is my _____. 나는 우리 아빠가 영웅이라고 생각해요.

2 He helps people like a _____. 그는 경찰처럼 사람을 도와요.

3 He _____ the thief who stole a girl's phone.
그는 어떤 소녀의 전화기를 훔치는 도둑을 잡았어요.

4 He is a wonderful _____. 그는 훌륭한 아빠예요.

C 한글을 영어로 바꿔 써보세요.

1 나는 우리 아빠가 영웅이라고 생각해요.

_____

2 그는 경찰처럼 사람을 도와요.

_____

3 그는 어떤 소녀의 전화기를 훔치는 도둑을 잡았어요.

_____

4 그는 훌륭한 아빠예요.

_____

D 아빠를 좋아하는 이유에 대해 자신만의 글을 써보세요.

| 의견 | I think my dad is _____. |

| 이유1 | He _____ like a _____. |

| 이유2 | He _____. |

| 결론 | He is a _____ father. |

Unit 47 Halloween

오늘의 4문장 할로윈 파티에 초대받았다고 상상해 보세요. 어떤 코스튬을 입고 파티에 싶은가요? 이유는 무엇인가요?

1 **I want to wear a Spiderman costume on Halloween.**
저는 할로윈에 스파이더맨 코스튬을 입고 싶어요.

2 **He is my favorite character.**
그는 내가 가장 좋아하는 캐릭터예요.

3 **I feel like a superhero when I wear it.**
그 옷을 입으면 슈퍼히어로가 된 거 같을 거예요.

4 **I hope I have a party soon.**
빨리 파티를 했으면 좋겠어요.

More Expressions

I want to wear a Captain Marvel costume. 나는 캡틴 마블 코스튬을 입고 싶어요.

Captain Marvel's suit looks good. 캡틴 마블의 수트는 멋져 보여요.

A 영어 표현과 알맞은 그림을 연결해 보세요.

a

b

c

costume   Halloween   have a party

118 가장 쉬운 초등 영작문 하루 4문장 쓰기

B 빈칸에 알맞은 단어를 넣어 문장을 완성해 보세요.

1 I want to wear a Spiderman _____ on Halloween.

저는 할로윈에 스파이더맨 코스튬을 입고 싶어요.

2 He is my favorite _____.   그는 내가 가장 좋아하는 캐릭터예요.

3 I ____ like a superhero when I wear it.   그 옷을 입으면 슈퍼히어로가 된 거 같을 거예요.

4 I hope I _____ a party soon.   빨리 파티를 했으면 좋겠어요.

C 한글을 영어로 바꿔 써보세요.

1 저는 할로윈에 스파이더맨 코스튬을 입고 싶어요.

_____

2 그는 내가 가장 좋아하는 캐릭터예요.

_____

3 그 옷을 입으면 슈퍼히어로가 된 거 같을 거예요.

_____

4 빨리 파티를 했으면 좋겠어요.

_____

D 할로윈 파티에 입고 싶은 코스튬에 대해 자신만의 글을 써보세요.

| 의견 | I want to wear _____ costume on Halloween. |

| 이유1 | _____ is my favorite character. |

| 이유2 | I feel like _____ when I wear it. |

| 결론 | I hope I _____. |

Unit 48 On the Moon

우주선을 타고 달에 가는 상상을 해보세요. 달에 가면 무슨 일을 하고 싶나요? 그 일을 하고 싶은 이유는 무엇인가요? 달에서 보내는 하루에 대해 써보세요.

1 **I want to jump on the moon.**
나는 달에서 점프를 하고 싶어요.

2 **There is no gravity on the moon.**
달에는 중력이 없어요.

3 **Therefore, I can jump higher than usual.**
그래서 평소보다 더 높이 점프할 수 있어요.

4 **I would love to visit the moon tomorrow.**
내일 달에 갈 수 있으면 좋겠어요.

More Expressions

I can leave my footprints on the moon.　　나는 달에 발자국을 남기고 싶어요.

People will remember me for a long time.　　사람들은 오랫동안 저를 기억할 거예요.

A 영어 표현과 알맞은 그림을 연결해 보세요.

a

b

c

•

•

moon

•

•

jump

•

•

leave foot prints

B 빈칸에 알맞은 단어를 넣어 문장을 완성해 보세요.

1 I want to _____ on the moon.   나는 달에서 점프를 하고 싶어요.

2 _____ is no gravity on the moon.   달에는 중력이 없어요.

3 Therefore, I can jump _____ than usual.   그래서 평소보다 더 높이 점프할 수 있어요.

4 I would love to _____ the moon tomorrow.   내일 달에 갈 수 있으면 좋겠어요.

C 한글을 영어로 바꿔 써보세요.

1 나는 달에서 점프를 하고 싶어요.

_____

2 달에는 중력이 없어요.

_____

3 그래서 평소보다 더 높이 점프할 수 있어요.

_____

4 내일 달에 갈 수 있으면 좋겠어요.

_____

D 달에서 하고 싶은 일에 대해 자신만의 글을 써보세요.

의견	I want to _____ on the moon.
이유1	There is _____ on the moon.
이유2	Therefore, I can _____ than usual.
결론	I would love to _____.

Unit 49 A Rainy Day

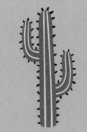

오늘의 4문장

여러분은 비 오는 날에 하고 싶은 것이 있나요? 아니면 비 오는 날에 하기를 좋아하는 행동이 있나요? 무엇을 좋아하는지 그리고 왜 좋아하는지 적어 보세요.

1 **I like to play outside on a rainy day wearing a raincoat.**
나는 비오는 날에 우비를 입고 밖에서 놀고 싶어요.

2 **I can play with my water toys in puddles.**
나는 웅덩이에서 내 물놀이 장난감을 가지고 놀 수 있어요.

3 **I can catch raindrops on my tongue.**
나는 내 혀로 빗방울을 잡을 수 있어요.

4 **When it rains tomorrow, I will go out and play.**
내일 비가 오면 나는 밖에 나가서 놀 거예요.

More Expressions

I like to play board games with my sister at home.
나는 집에서 여동생과 보드 게임하는 것을 좋아해요.

Mom usually makes delicious noodles when it rains.
엄마는 비가 오면 보통 맛있는 국수를 만들어 주세요.

A 영어 표현과 알맞은 그림을 연결해 보세요.

a

b

c

wear a raincoat · · · · · · puddle · · · · · · raindrops

B 빈칸에 알맞은 단어를 넣어 문장을 완성해 보세요.

1 I like to _____ wearing a raincoat.

나는 비오는 날에 우비를 입고 밖에서 놀고 싶어요.

2 I can play with my water toys _____.

나는 웅덩이에서 내 물놀이 장난감을 가지고 놀 수 있어요.

3 I can _____ on my tongue.   나는 내 혀로 빗방울을 잡을 수 있어요.

4 When it rains tomorrow, I will _____.   내일 비가 오면 나는 밖에 나가서 놀 거예요.

C 한글을 영어로 바꿔 써보세요.

1 나는 비오는 날에 우비를 입고 밖에서 놀고 싶어요.

_____

2 나는 웅덩이에서 내 물놀이 장난감을 가지고 놀 수 있어요.

_____

3 나는 내 혀로 빗방울을 잡을 수 있어요.

_____

4 내일 비가 오면 나는 밖에 나가서 놀 거예요.

_____

D 비가 오는 날 하기 좋은 것에 대해 자신만의 글을 써보세요.

| 의견 | I like to play _____ on a rainy day. |

| 이유1 | I can play _____. |

| 이유2 | I can _____. |

| 결론 | When it rains tomorrow, I will _____. |

오늘의 4문장 가족들과 가장 함께 하고 싶은 일은 무엇인가요? 어디에서 무슨 활동을 같이 하고 싶은지 그리고 그 이유는 무엇인지 생각해 보세요.

1 I want to go camping in the forest with my family.
나는 가족과 함께 숲에 캠핑을 가고 싶어요.

2 In the forest, we can cook food together.
숲에서 우리는 함께 음식을 만들 수 있어요.

3 We can also see many birds and flowers.
우리는 많은 새와 꽃들도 볼 수 있어요.

4 I hope to go camping during the summer vacation.
나는 여름방학 동안 캠핑을 가고 싶어요.

More Expressions

I want to go to the zoo with my family. 나는 가족들과 동물원에 가고 싶어요.

We can see the animal feeding. 우리는 동물에게 먹이 주는 것을 볼 수 있어요.

A 영어 표현과 알맞은 그림을 연결해 보세요.

a

b
(forest image)

c

•   •   •

•   •   •

go camping   forest   birds and flowers

B 빈칸에 알맞은 단어를 넣어 문장을 완성해 보세요.

1 I want to _____ with my family. 나는 가족과 함께 숲에 캠핑을 가고 싶어요.

2 In the forest, we can _____. 숲에서 우리는 함께 음식을 만들 수 있어요.

3 We can also see _____. 우리는 많은 새와 꽃들도 볼 수 있어요.

4 I hope to go camping _____. 나는 여름방학 동안 캠핑을 가고 싶어요.

C 한글을 영어로 바꿔 써보세요.

1 나는 가족과 함께 숲에 캠핑을 가고 싶어요.

_____

2 숲에서 우리는 함께 음식을 만들 수 있어요.

_____

3 우리는 많은 새와 꽃들도 볼 수 있어요.

_____

4 나는 여름방학 동안 캠핑을 가고 싶어요.

_____

D 가족들과 함께 하고 싶은 일에 대해 자신만의 글을 써보세요.

| 의견 | I want to _____ with my family. |

| 이유1 | In the _____, we can _____ together. |

| 이유2 | We can _____. |

| 결론 | I hope to _____. |

A 영어 표현에 알맞은 뜻을 연결해 보세요.

1 go for a walk •   • 중력

2 do my homework •   • 경찰관

3 ride a bike •   • 자전거를 타다

4 run away •   • 달아나다

5 police officer •   • 숙제를 하다

6 gravity •   • 산책을 가다

B 의미에 맞게 단어의 순서를 알맞게 배열해 보세요.

1
raindrops / catch / on my tongue / I can
나는 내 혀로 빗방울을 잡을 수 있어요.

→ _____

2
I / when I wear it / a superhero / feel like
내가 그 옷을 입으면 슈퍼히어로가 된 거 같을 거예요.

→ _____

3
I would / I meet / one / run away / If
만약 내가 그것을 만나면 나는 도망갈 거예요.

→ _____

4
taking care of her / I can /for / have more / responsibility
나는 애완동물을 돌보면서 더 많은 책임감을 가질 수 있어요.

→ _____

C 다음 문장에서 틀린 부분을 고쳐 쓰세요.

1 All my friends has his computers,

→ _____

2 it only take 3 minutes to prepare?

→ _____

3 I wants to visited a water park in summer.

→ _____

4 He help people likes a police officer

→ _____

D 의견이나 결론에 알맞은 이유를 찾아 기호를 써 보세요.

의견/결론
1 I want to go camping in the forest with my family. ☐
2 I love to visit the moon tomorrow. ☐
3 I want to be a great singer in the future. ☐
4 Can I have a bike for a present? ☐

이유
a I can't ride a bike, so I want to learn.
b There is no gravity in the moon.
c I like to sing in front of people.
d We can also see many birds and flowers.

WHY?

Answer
Keys

Unit 01 My Favorite Color

A 영어 표현과 알맞은 그림을 연결해 보세요.

   a sea and sky

   b red rose

   c fruit

B 빈칸에 알맞은 단어를 넣어 문장을 완성해 보세요.

   1 blue

   2 sea and the sky

   3 Blueberry

   4 the color blue

C 한글을 영어로 바꿔 써보세요.

   1 My favorite color is blue.

   2 I like the sea and the sky.

   3 Blueberry is one of my favorite fruits.

   4 I love the color blue.

D 가장 좋아하는 색깔에 대해 자신만의 글을 써보세요.

   (Write your own answer.)

Unit 02 My Favorite Food

A 영어 표현과 알맞은 그림을 연결해 보세요.

   a picnic

   b eat vegetables

   c lunch

B 빈칸에 알맞은 단어를 넣어 문장을 완성해 보세요.

   1 gimbab

   2 picnics

   3 a lot of vegetables

4 for lunch every day

C 한글을 영어로 바꿔 써보세요.

1 I like gimbab very much.

2 It is good for picnics.

3 I can eat a lot of vegetables.

4 I think I want to eat gimbab for lunch every day.

D 가장 좋아하는 음식에 대해 자신만의 글을 써보세요.

(Write your own answer.)

Unit 03 My Favorite Sport

A 영어 표현과 알맞은 그림을 연결해 보세요.

a play soccer

b watch soccer matches

c good for health

B 빈칸에 알맞은 단어를 넣어 문장을 완성해 보세요.

1 soccer

2 I like to play

3 good for

4 favorite sport

C 한글을 영어로 바꿔 써보세요.

1 I love soccer.

2 I like to play soccer with my friends.

3 Playing soccer is good for my health.

4 My favorite sport is soccer.

D 좋아하는 운동에 대해 자신만의 글을 써보세요.

(Write your own answer.)

Unit 04 **My Favorite Animal**

A 영어 표현과 알맞은 그림을 연결해 보세요.

  a big nose

  b koala

  c sleep

B 빈칸에 알맞은 단어를 넣어 문장을 완성해 보세요.

  1 koala

  2 like to sleep

  3 very cute

  4 for a pet

C 한글을 영어로 바꿔 써보세요.

  1 My favorite animal is a koala.

  2 I like to sleep and they like to sleep, too.

  3 They have big noses, so they are very cute.

  4 I want to have a koala for a pet.

D 가장 좋아하는 동물에 대해 자신만의 글을 써보세요.

(Write your own answer.)

Unit 05 **My Favorite Book**

A 영어 표현과 알맞은 그림을 연결해 보세요.

  a brave

  b smart

  c magic wand

B 빈칸에 알맞은 단어를 넣어 문장을 완성해 보세요.

  1 Harry Potter

  2 brave

  3 magic wand

4 love to read

Ⓒ 한글을 영어로 바꿔 써보세요.

1 My favorite book is Harry Potter.

2 He is very brave and smart.

3 I want to have his magic wand.

4 I love to read the Harry Potter series.

Ⓓ 가장 좋아하는 책에 대해 자신만의 글을 써보세요.

(Write your own answer.)

Unit 06 My Favorite Season

Ⓐ 영어 표현과 알맞은 그림을 연결해 보세요.

a meet new friends

b spring

c too hot

Ⓑ 빈칸에 알맞은 단어를 넣어 문장을 완성해 보세요.

1 spring

2 meet new friends

3 cold, hot

4 best season

Ⓒ 한글을 영어로 바꿔 써보세요.

1 My favorite season is spring.

2 I like to meet new friends and teachers at school.

3 It is not too cold and not too hot.

4 The best season is spring.

Ⓓ 가장 좋아하는 계절에 대해 자신만의 글을 써보세요.

(Write your own answer.)

Unit 07 My Favorite Holiday

A 영어 표현과 알맞은 그림을 연결해 보세요.

a have a present

b decorate the Christmas tree

c make a cake

B 빈칸에 알맞은 단어를 넣어 문장을 완성해 보세요.

1 Christmas

2 get a present

3 like to decorate

4 every day

C 한글을 영어로 바꿔 써보세요.

1 I like Christmas the best.

2 On Christmas, I can get a present from Santa.

3 I like to decorate the Christmas tree.

4 I wish every day were Christmas.

D 가장 좋아하는 휴일에 대해 자신만의 글을 써보세요.

(Write your own answer.)

Unit 08 My Favorite Clothes

A 영어 표현과 알맞은 그림을 연결해 보세요.

a white dots

b pink skirt

c princess

B 빈칸에 알맞은 단어를 넣어 문장을 완성해 보세요.

1 favorite thing to wear

2 white dots

3 like a princess

4 like to wear

C 한글을 영어로 바꿔 써보세요.

  1 My favorite thing to wear is a pink skirt.

  2 It has white dots.

  3 It makes me look like a princess.

  4 I like to wear my pink skirt.

D 가장 좋아하는 옷에 대해 자신만의 글을 써보세요.

  (Write your own answer.)

Review 01 (Unit 01 - 08)

A 영어 표현에 알맞은 뜻을 연결해 보세요.

  1 eat vegetables - 야채를 먹다

  2 magic wand - 마법 지팡이

  3 watch soccer matches - 축구 경기를 보다

  4 meet new friends - 새 친구들을 만나다

  5 decorate the Christmas tree - 크리스마스 트리를 장식하다

  6 sea and sky - 하늘과 바다

B 의미에 맞게 단어의 순서를 알맞게 배열해 보세요.

  1 Playing soccer is good for health.

  2 I want to have his magic wand.

  3 Blueberry is one of my favorite fruits.

  4 It is not too cold and not too hot.

C 다음 문장에서 틀린 부분을 고쳐 쓰세요.

  1 <u>On Christmas</u>, I can get a present from Santa.

  2 He <u>is</u> very brave and smart.

  3 It makes <u>me</u> look like a princess.

  4 <u>I</u> can eat a lot of vegetables<u>.</u>

D 의견이나 결론에 알맞은 이유를 찾아 기호를 써보세요.

  1 c   **2** a   **3** b   **4** d

Unit 09 **My Favorite Toy**

A 영어 표현과 알맞은 그림을 연결해 보세요.

a build castle

b make a robot

c move fast

B 빈칸에 알맞은 단어를 넣어 문장을 완성해 보세요.

1 play with

2 make a robot

3 build a huge castle

4 All my friends

C 한글을 영어로 바꿔 써보세요.

1 I like to play with Lego blocks.

2 I can make a robot and car.

3 My dad can build a huge castle with Legos.

4 All my friends like my toy, too.

D 가장 좋아하는 장난감에 대해 자신만의 글을 써보세요.

(Write your own answer.)

Unit 10 **My Favorite Pet**

A 영어 표현과 알맞은 그림을 연결해 보세요.

a smart

b understand words

c best friends

B 빈칸에 알맞은 단어를 넣어 문장을 완성해 보세요.

1 dogs

2 smart

3 understand many words

4 best friend

C 한글을 영어로 바꿔 써보세요.

1 My Favorite pet is a dog.

2 They are very smart.

3 They can understand many words.

4 Dogs are man's best friend.

D 가장 좋아하는 애완동물에 대해 자신만의 글을 써보세요.

(Write your own answer.)

Unit 11 My Favorite Fruit

A 영어 표현과 알맞은 그림을 연결해 보세요.

a cool down

b sweet

c watermelon

B 빈칸에 알맞은 단어를 넣어 문장을 완성해 보세요.

1 watermelon

2 sweet and juicy

3 cools me down

4 fruit

C 한글을 영어로 바꿔 써보세요.

1 My favorite fruit is watermelon.

2 It is very sweet and juicy.

3 Eating it cools me down.

4 Watermelon is an amazing fruit.

D 가장 좋아하는 과일에 대해 자신만의 글을 써보세요.

(Write your own answer.)

Unit 12 My Favorite Superhero

A 영어 표현과 알맞은 그림을 연결해 보세요.

   a bad guy

   b wear a suit

   c superhero

B 빈칸에 알맞은 단어를 넣어 문장을 완성해 보세요.

   1 superhero

   2 suit

   3 bad

   4 Ironman

C 한글을 영어로 바꿔 써보세요.

   1 Ironman is my favorite superhero.

   2 He is wearing a powerful suit.

   3 He beats the bad guys all the time.

   4 I love Ironman the most.

D 가장 좋아하는 슈퍼히어로에 대해 자신만의 글을 써보세요.

   (Write your own answer.)

Unit 13 My Favorite Comedian

A 영어 표현과 알맞은 그림을 연결해 보세요.

   a laugh

   b comedian

   c donate a lot of money

B 빈칸에 알맞은 단어를 넣어 문장을 완성해 보세요.

   1 comedian

   2 laugh

   3 donates

4 meet

C 한글을 영어로 바꿔 써보세요.

1 You Jae-suk is my favorite comedian.

2 He makes people laugh.

3 He donates a lot of money to charity.

4 I want to meet him in person one day.

D 가장 좋아하는 코미디언에 대해 자신만의 글을 써보세요.

(Write your own answer.)

Unit 14 My Favorite Subject

A 영어 표현과 알맞은 그림을 연결해 보세요.

a play sports games

b P.E. class

c subject

B 빈칸에 알맞은 단어를 넣어 문장을 완성해 보세요.

1 subject

2 active

3 play

4 P.E.

C 한글을 영어로 바꿔 써보세요.

1 P.E. is my favorite subject.

2 I am really active, so I love to move.

3 Plus, I like to play sports games in P.E. class.

4 I love P.E class.

D 가장 좋아하는 과목에 대해 자신만의 글을 써보세요.

(Write your own answer.)

Unit 15 My Favorite Movie Character

A 영어 표현과 알맞은 그림을 연결해 보세요.

   a adventurous

   b honest

   c ride a magic carpet

B 빈칸에 알맞은 단어를 넣어 문장을 완성해 보세요.

   1 like

   2 adventurous

   3 ride

   4 brave

C 한글을 영어로 바꿔 써보세요.

   1 I like Aladdin the most.

   2 He is very adventurous.

   3 I want to ride a magic carpet with him.

   4 I would like to be brave like him.

D 가장 좋아하는 영화 캐릭터에 대해 자신만의 글을 써보세요.

   (Write your own answer.)

Unit 16 My Favorite Activity

A 영어 표현과 알맞은 그림을 연결해 보세요.

   a feel excited

   b drive fast

   c ride a bike

B 빈칸에 알맞은 단어를 넣어 문장을 완성해 보세요.

   1 ride

   2 drive

   3 excited

4 riding a bike

C 한글을 영어로 바꿔 써보세요.

1 I like to ride a bike in the park.

2 I always drive fast.

3 It makes me feel excited.

4 My favorite thing to do outside is riding a bike.

D 집 밖에서 하는 활동 중 가장 좋아하는 것에 대해 자신만의 글을 써보세요.

(Write your own answer.)

Unit 17 My Favorite Ice Cream

A 영어 표현과 알맞은 그림을 연결해 보세요.

a smooth texture

b ice cream

c give me energy

B 빈칸에 알맞은 단어를 넣어 문장을 완성해 보세요.

1 chocolate

2 energy

3 sweet

4 ice cream

C 한글을 영어로 바꿔 써보세요.

1 I like chocolate ice cream.

2 Eating chocolate gives me energy.

3 It tastes so sweet and delicious.

4 I want to have chocolate ice cream every day.

D 가장 좋아하는 아이스크림은 무슨 맛인지 자신만의 글을 써보세요.

(Write your own answer.)

Ⓐ 영어 표현에 알맞은 뜻을 연결해 보세요.

1 make a robot - 로봇을 만들다

2 best friend - 최고의 친구

3 cool down - 더위를 식히다

4 wear a suit - 수트를 입다

5 donate a lot of money - 많은 돈을 기부하다

6 play sports games - 스포츠 경기를 하다

Ⓑ 의미에 맞게 단어의 순서를 알맞게 배열해 보세요.

1 He is very adventurous.

2 It makes me feel excited.

3 Eating chocolate gives me energy.

4 He is wearing a powerful suit.

Ⓒ 다음 문장에서 틀린 부분을 고쳐 쓰세요.

1 I can <u>make</u> a robot and car<u>.</u>

2 I <u>love</u> Ironman the most<u>.</u>

3 I <u>am</u> really active, so I love <u>to</u> move.

4 <u>I</u> want to ride a magic <u>carpet</u> with him.

Ⓓ 의견이나 결론에 알맞은 이유를 찾아 기호를 써보세요.

1 d   2 a   3 c   4 b

Unit 18 **Best Teacher**

Ⓐ 영어 표현과 알맞은 그림을 연결해 보세요.

a drawing animals

b art teacher

c kind

Ⓑ 빈칸에 알맞은 단어를 넣어 문장을 완성해 보세요.

1 The best teacher

2 beautiful

3 animals and plants

4 want to be

C 한글을 영어로 바꿔 써보세요.

1 The best teacher is my art teacher.

2 She is beautiful and kind.

3 I like drawing animals and plants.

4 I want to be an art teacher like her.

D 최고의 선생님에 대해 자신만의 글을 써보세요.

(Write your own answer.)

 Unit 19 Best Restaurant

A 영어 표현과 알맞은 그림을 연결해 보세요.

a serve spaghetti

b playroom

c restaurant

B 빈칸에 알맞은 단어를 넣어 문장을 완성해 보세요.

1 The best restaurant

2 serve

3 kid's playroom

4 often goes there

C 한글을 영어로 바꿔 써보세요.

1 The best restaurant in my town is Charlie Brown.

2 They serve delicious spaghetti.

3 There is a kids' playroom in the restaurant.

4 Our family often goes there to eat dinner.

D 최고의 식당에 대해 자신만의 글을 써보세요.

(Write your own answer.)

Unit 20 Best Friend

A 영어 표현과 알맞은 그림을 연결해 보세요.

a happy

b play basketball

c wearing glasses

B 빈칸에 알맞은 단어를 넣어 문장을 완성해 보세요.

1 best friend

2 wears glasses

3 both like basketball

4 am happy

C 한글을 영어로 바꿔 써보세요.

1 My best friend is Sam.

2 He wears glasses and he's funny.

3 We both like basketball, so we often play together.

4 I am happy when I play with him.

D 친한 친구에 대해 자신만의 글을 써보세요.

(Write your own answer.)

Unit 21 Best Dinosaur

A 영어 표현과 알맞은 그림을 연결해 보세요.

a big horn

b look scary

c museum

B 빈칸에 알맞은 단어를 넣어 문장을 완성해 보세요.

1 the most

2 three big horns

3 eat grass

4 at the museum

C 한글을 영어로 바꿔 써보세요.

1 I like triceratops the most.

2 There are three big horns on their heads.

3 They look scary but eat grass.

4 I love to see them at the museum.

D 최고의 공룡에 대해 자신만의 글을 써보세요.

(Write your own answer.)

Unit 22 **Best Candy**

A 영어 표현과 알맞은 그림을 연결해 보세요.

a taste

b look cute

c chewy

B 빈칸에 알맞은 단어를 넣어 문장을 완성해 보세요.

1 gummy bears

2 cute and funny

3 very delicious

4 share

C 한글을 영어로 바꿔 써보세요.

1 I think the best candy is gummy bears.

2 They look cute and funny.

3 They taste very delicious.

4 I like to share them with my friends.

D 최고의 캔디에 대해 자신만의 글을 써보세요.

(Write your own answer.)

Unit 23 Best Musician

A 영어 표현과 알맞은 그림을 연결해 보세요.

   a listen to

   b deaf

   c musician

B 빈칸에 알맞은 단어를 넣어 문장을 완성해 보세요.

   1 musician

   2 deaf

   3 works

   4 listen

C 한글을 영어로 바꿔 써보세요.

   1 Beethoven is the best musician.

   2 He was almost deaf.

   3 However, he created so many great works.

   4 I like to listen to his symphonies.

D 최고의 음악가에 대해 자신만의 글을 써보세요.

(Write your own answer.)

Unit 24 Best Sports Player

A 영어 표현과 알맞은 그림을 연결해 보세요.

   a runner

   b lightning

   c won the gold medals

B 빈칸에 알맞은 단어를 넣어 문장을 완성해 보세요.

   1 runner

   2 like a lightning

   3 the gold medals

4 fastest

C 한글을 영어로 바꿔 써보세요.

1 I think Usain Bolt is the best runner.

2 He runs fast like a lightning.

3 He won gold medals in the Olympic Games.

4 He is the fastest man in the world.

D 최고의 운동 선수에 대해 자신만의 글을 써보세요.

(Write your own answer.)

Unit 25 Best Invention

A 영어 표현과 알맞은 그림을 연결해 보세요.

a smartphone

b birthday present

c take pictures

B 빈칸에 알맞은 단어를 넣어 문장을 완성해 보세요.

1 smartphone

2 take pictures

3 play

4 birthday present

C 한글을 영어로 바꿔 써보세요.

1 The best invention is the smartphone.

2 I can call and take pictures.

3 I can play games with it.

4 I want to get it as a birthday present.

D 최고의 발명품에 대해 자신만의 글을 써보세요.

(Write your own answer.)

Unit 26 Best Thing for Snowy Days

A 영어 표현과 알맞은 그림을 연결해 보세요.

a sled

b skate

c have a snow fight

B 빈칸에 알맞은 단어를 넣어 문장을 완성해 보세요.

1 snowy days

2 sledding, and skating

3 snow ball fight

4 winter

C 한글을 영어로 바꿔 써보세요.

1 I love snowy days.

2 There are many things to do like skiing, sledding, and skating.

3 I can also have a snowball fight.

4 I can't wait for winter.

D 눈 오는 날 할 수 있는 최고의 일에 대해 자신만의 글을 써보세요.

(Write your own answer.)

Unit 27 Best Day of the Week

A 영어 표현과 알맞은 그림을 연결해 보세요.

a go to the park

b Saturday

c get up late

B 빈칸에 알맞은 단어를 넣어 문장을 완성해 보세요.

1 Saturday

2 get up

3 park

4 every day

C 한글을 영어로 바꿔 써보세요.

 1 The best day of the week is Saturday for me.

 2 I get up late in the morning.

 3 Plus, I can go to the park with my friend.

 4 I wish every day were Saturday.

D 최고의 요일에 대해 자신만의 글을 써보세요.

(Write your own answer.)

Review 03 (Unit 18 - 27)

A 영어 표현에 알맞은 뜻을 연결해 보세요.

 1 draw animals - 동물을 그리다

 2 serve spaghetti - 스파게티를 팔다

 3 wear glasses - 안경을 쓰다

 4 look scary - 무서워 보이다

 5 taste delicious - 맛이 좋다

 6 win the gold medals - 금메달을 따다

B 의미에 맞게 단어의 순서를 알맞게 배열해 보세요.

 1 She is beautiful and kind.

 2 There are three big horns on their heads.

 3 I like to share them with my friends.

 4 He runs fast like a lightning.

C 다음 문장에서 틀린 부분을 고쳐 쓰세요.

 1 I get up late in the morning.

 2 There are many things to do like skiing, sledding, and skating.

 3 It looks cute and funny.

 4 I am happy when I play with him.

D 의견이나 결론에 알맞은 이유를 찾아 기호를 써보세요.

 1 b **2** c **3** a **4** d

Unit 28 Winter or Summer

Ⓐ 영어 표현과 알맞은 그림을 연결해 보세요.

   a ride a sled

   b build a snowman

   c have some snow

Ⓑ 빈칸에 알맞은 단어를 넣어 문장을 완성해 보세요.

   1 prefer

   2 have some snow

   3 ride a sled

   4 fun activities

Ⓒ 한글을 영어로 바꿔 써보세요.

   1 I prefer winter to summer.

   2 We have some snow in winter.

   3 I like to build a snowman and ride a sled.

   4 I can do many fun activities in winter.

Ⓓ 더 좋아하는 계절에 대해 자신만의 글을 써보세요.

   (Write your own answer.)

Unit 29 Burger or Pizza

Ⓐ 영어 표현과 알맞은 그림을 연결해 보세요.

   a burger

   b different types of pizza

   c share

Ⓑ 빈칸에 알맞은 단어를 넣어 문장을 완성해 보세요.

   1 pizza, burgers

   2 different types of pizza

   3 share pizza slices

4 king of food

C 한글을 영어로 바꿔 써보세요.

1 I like pizza more than burgers.

2 There are many different types of pizza.

3 I can share pizza slices with my family.

4 Pizza is the king of food.

D 피자와 햄버거 중에 더 좋아하는 것에 대해 자신만의 글을 써보세요.

(Write your own answer.)

 Unit 30 Tiger or Lion

A 영어 표현과 알맞은 그림을 연결해 보세요.

a run fast

b mane

c jump high

B 빈칸에 알맞은 단어를 넣어 문장을 완성해 보세요.

1 lions, tigers

2 run fast

3 lion's mane

4 is the coolest animal

C 한글을 영어로 바꿔 써보세요.

1 I prefer lions to tigers.

2 They can run fast and jump high.

3 I like the lion's mane.

4 I think the lion is the coolest animal in the world.

D 사자와 호랑이 둘 중에 더 좋아하는 동물에 대해 자신만의 글을 써보세요.

(Write your own answer.)

Unit 31 Superman or Spiderman

A 영어 표현과 알맞은 그림을 연결해 보세요.

   a shoot red-hot beams

   b help others

   c fly

B 빈칸에 알맞은 단어를 넣어 문장을 완성해 보세요.

   1 Spiderman

   2 shoot red-hot beams

   3 help others

   4 prefer to be

C 한글을 영어로 바꿔 써보세요.

   1 I would like to be Superman more than Spiderman.

   2 He can fly and shoot red-hot beams out of his eyes.

   3 He is kind, so he always helps others.

   4 I would prefer to be Superman.

D 슈퍼맨과 스파이더맨 중에 더 좋아하는 슈퍼히어로에 대해 자신만의 글을 써보세요.

  (Write your own answer.)

Unit 32 Sharks or Dolphins

A 영어 표현과 알맞은 그림을 연결해 보세요.

   a chimpanzee

   b shark

   c dolphin

B 빈칸에 알맞은 단어를 넣어 문장을 완성해 보세요.

   1 prefer

   2 as smart as

   3 use echoes

4 swim with dolphins

C 한글을 영어로 바꿔 써보세요.

1 I prefer dolphins to sharks.

2 Dolphins are as smart as chimpanzees.

3 They can use echoes to find food.

4 I want to swim with dolphins in the sea.

D 상어와 돌고래 중에 더 좋아하는 동물에 대해 자신만의 글을 써보세요.

(Write your own answer.)

Unit 33 Short Hair or Long Hair

A 영어 표현과 알맞은 그림을 연결해 보세요.

a brush

b cut one's hair short

c dry

B 빈칸에 알맞은 단어를 넣어 문장을 완성해 보세요.

1 my hair short

2 after showering

3 easy to brush

4 is better than long hair

C 한글을 영어로 바꿔 써보세요.

1 I always cut my hair short.

2 It dries faster after showering.

3 It is easy to brush.

4 I think short hair is better than long hair.

D 짧은 머리와 긴 머리 무엇이 더 좋은지 자신만의 글을 써보세요.

(Write your own answer.)

Unit 34 City or Country

A 영어 표현과 알맞은 그림을 연결해 보세요.

a buy

b shops

c country

B 빈칸에 알맞은 단어를 넣어 문장을 완성해 보세요.

1 country

2 facilities

3 buy

4 city

C 한글을 영어로 바꿔 써보세요.

1 I prefer the city to the country.

2 There are many facilities in the city such as schools, shops, etc.

3 For example, I can buy something easily.

4 The city is so convenient to live in.

D 도시와 시골 어디가 더 좋은지 자신만의 글을 써보세요.

(Write your own answer.)

Unit 35 Singing or Dancing

A 영어 표현과 알맞은 그림을 연결해 보세요.

a sing

b like

c dance

B 빈칸에 알맞은 단어를 넣어 문장을 완성해 보세요.

1 singing

2 voice

3 good

4 like

C 한글을 영어로 바꿔 써보세요.

1 I like singing better than dancing.

2 People say that I have a pretty voice.

3 I am very good at singing.

4 I really like to sing.

D 노래와 춤 중에서 무엇이 더 좋은지 자신만의 글을 써보세요.

(Write your own answer.)

Unit 36 Playing Sports or Watching Sports

A 영어 표현과 알맞은 그림을 연결해 보세요.

a playing sports

b strong

c exciting

B 빈칸에 알맞은 단어를 넣어 문장을 완성해 보세요.

1 playing

2 exciting

3 strong

4 enjoy

C 한글을 영어로 바꿔 써보세요.

1 I prefer playing sports to watching sports.

2 Playing sports is exciting.

3 It can make my body strong.

4 I always enjoy playing sports.

D 스포츠를 하는 것과 보는 것 중 무엇이 더 좋은지 자신만의 글을 써보세요.

(Write your own answer.)

Unit 37 Mountains or Beaches

A 영어 표현과 알맞은 그림을 연결해 보세요.

a scenery

b breathe fresh air

c mountain

B 빈칸에 알맞은 단어를 넣어 문장을 완성해 보세요.

1 prefer

2 breathe fresh air

3 scenery

4 places

C 한글을 영어로 바꿔 써보세요.

1 I prefer the mountains to the beaches.

2 I am able to breathe fresh air.

3 I am able to see the beautiful scenery.

4 Mountains are really nice places.

D 산이 더 좋은지 바다가 더 좋은지에 대해 자신만의 글을 써보세요.

(Write your own answer.)

Review 04 (Unit 28 - 37)

A 영어 표현에 알맞은 뜻을 연결해 보세요.

1 share - 나누다, 공유하다

2 run fast - 빨리 달리다

3 ride a sled - 썰매를 타다

4 breathe fresh air - 신선한 공기를 마시다

5 exciting - 신나는, 흥미진진한

6 country - 시골

B 의미에 맞게 단어의 순서를 알맞게 배열해 보세요.

1 The city is so convenient to live in.

2 It dries faster after showering.

3 They can use echoes to find the food.

  4 They can run fast and jump high.

C 다음 문장에서 틀린 부분을 고쳐 쓰세요.

  1 There <u>are</u> many different types of pizza.

  2 We have <u>some</u> snow in winter.

  3 I <u>like</u> singing better than <u>dancing.</u>

  4 I prefer <u>playing</u> sports <u>to</u> watching sports.

D 의견이나 결론에 알맞은 이유를 찾아 기호를 써보세요.

  1 c   2 a   3 b   4 d

Unit 38 Birthday Present

A 영어 표현과 알맞은 그림을 연결해 보세요.

  a ride a bike

  b birthday present

  c learn

B 빈칸에 알맞은 단어를 넣어 문장을 완성해 보세요.

  1 for my birthday

  2 ride a bike

  3 to school everyday

  4 for a present

C 한글을 영어로 바꿔 써보세요.

  1 I want a bike for my birthday.

  2 I can't ride a bike, so I want to learn.

  3 I would like to ride a bike to school every day.

  4 Can I have a bike for a present?

D 생일 선물로 받고 싶은 선물에 대해 자신만의 글을 써보세요.

  (Write your own answer.)

Unit 39 **In the Future**

A 영어 표현과 알맞은 그림을 연결해 보세요.

a singer

b in front of

c travel all over the world

B 빈칸에 알맞은 단어를 넣어 문장을 완성해 보세요.

1 a great singer

2 am good at

3 in front of people

4 all over the world

C 한글을 영어로 바꿔 써보세요.

1 I want to be a great singer in the future.

2 I am good at singing.

3 I like to sing in front of people.

4 I want to travel all over the world as a singer.

D 자신의 장래 희망에 대해 자신만의 글을 써보세요.

(Write your own answer.)

Unit 40 **Christmas Present**

A 영어 표현과 알맞은 그림을 연결해 보세요.

a bring

b computer

c do my homework

B 빈칸에 알맞은 단어를 넣어 문장을 완성해 보세요.

1 have a computer

2 All my friends

3 do my homework

4 bring me a computer

C 한글을 영어로 바꿔 써보세요.

1 Dear Santa, I want to have a computer for Christmas.

2 All my friends have their own computer.

3 I can play games and do my homework with it.

4 Please bring me a computer for a present.

D 크리스마스에 받고 싶은 선물에 대해 자신만의 글을 써보세요.

(Write your own answer.)

Unit 41 Pet

A 영어 표현과 알맞은 그림을 연결해 보세요.

a go for a walk

b take care of

c pet

B 빈칸에 알맞은 단어를 넣어 문장을 완성해 보세요.

1 for a pet

2 teach it many things

3 taking care of

4 have a dog

C 한글을 영어로 바꿔 써보세요.

1 I want a dog for a pet.

2 Dogs are smart so I can teach it many things.

3 I can have more responsibility for taking care of her.

4 I really want to have a dog for a pet.

D 키우고 싶은 애완동물에 대해 자신만의 글을 써보세요.

(Write your own answer.)

Unit 42 Lunch

A 영어 표현과 알맞은 그림을 연결해 보세요.

   a take three minutes

   b water

   c noodle

B 빈칸에 알맞은 단어를 넣어 문장을 완성해 보세요.

   1 instant noodles

   2 takes

   3 There are

   4 my mouthwatering

C 한글을 영어로 바꿔 써보세요.

   1 I want to eat instant noodles for lunch.

   2 It only takes 3 minutes to prepare.

   3 There are so many flavors of ramen.

   4 It makes my mouth water.

D 점심에 먹고 싶은 음식에 대해 자신만의 글을 써보세요.

(Write your own answer.)

Unit 43 I'm Afraid of...

A 영어 표현과 알맞은 그림을 연결해 보세요.

   a run away

   b garlic

   c cross

B 빈칸에 알맞은 단어를 넣어 문장을 완성해 보세요.

   1 am afraid of

   2 move only at night

   3 the cross and garlic

4 run away

C 한글을 영어로 바꿔 써보세요.

1 I am afraid of vampires.

2 They don't like the sun, so they move only at night.

3 They afraid of crosses and garlic.

4 If I meet one, I would run away.

D 무서워하는 것이 무엇인지 자신만의 글을 써보세요.

(Write your own answer.)

Unit 44 The Place to Visit

A 영어 표현과 알맞은 그림을 연결해 보세요.

a visit

b swimming pool and water slides

c ride

B 빈칸에 알맞은 단어를 넣어 문장을 완성해 보세요.

1 visit

2 swimming pool, water slides

3 ride

4 summer

C 한글을 영어로 바꿔 써보세요.

1 I want to visit a water park in summer.

2 It has a swimming pool and water slides.

3 I can ride them again and again.

4 I wish summer would come soon.

D 여름에 방문하고 싶은 곳에 대해 자신만의 글을 써보세요.

(Write your own answer.)

Unit 45 My Mom

Ⓐ 영어 표현과 알맞은 그림을 연결해 보세요.

a greet

b neighbor

c pleasant

Ⓑ 빈칸에 알맞은 단어를 넣어 문장을 완성해 보세요.

1 very pleasant

2 greets

3 shares

4 lives

Ⓒ 한글을 영어로 바꿔 써보세요.

1 My mom is very pleasant.

2 She greets people all the time.

3 She also shares her food with neighbors.

4 She always lives happily.

Ⓓ 엄마를 좋아하는 이유에 대해 자신만의 글을 써보세요.

(Write your own answer.)

Unit 46 My Dad

Ⓐ 영어 표현과 알맞은 그림을 연결해 보세요.

a police officer

b thief

c caught

Ⓑ 빈칸에 알맞은 단어를 넣어 문장을 완성해 보세요.

1 hero

2 police officer

3 caught

    4 father

C 한글을 영어로 바꿔 써보세요.

    1 I think my dad is my hero.

    2 He helps people like a police officer.

    3 He caught the thief who stole a boy's phone.

    4 He is a wonderful father.

D 아빠를 좋아하는 이유에 대해 자신만의 글을 써보세요.

    (Write your own answer.)

Unit 47 Halloween

A 영어 표현과 알맞은 그림을 연결해 보세요.

    a have a party

    b Halloween

    c costume

B 빈칸에 알맞은 단어를 넣어 문장을 완성해 보세요.

    1 costume

    2 character

    3 feel

    4 have

C 한글을 영어로 바꿔 써보세요.

    1 I want to wear a Spiderman costume on Halloween.

    2 He is my favorite character.

    3 I feel like a superhero when I wear it.

    4 I hope I have a party soon.

D 할로윈 파티에 입고 싶은 코스튬에 대해 자신만의 글을 써보세요.

    (Write your own answer.)

Unit 48 On the Moon

A 영어 표현과 알맞은 그림을 연결해 보세요.

   a moon

   b leave foot prints

   c jump

B 빈칸에 알맞은 단어를 넣어 문장을 완성해 보세요.

   1 jump

   2 There

   3 higher

   4 visit

C 한글을 영어로 바꿔 써보세요.

   1 I want to jump on the moon.

   2 There is no gravity on the moon.

   3 Therefore, I can jump higher than usual.

   4 I would love to visit the moon tomorrow.

D 달에서 하고 싶은 일에 대해 자신만의 글을 써보세요.

(Write your own answer.)

Unit 49 A Rainy Day

A 영어 표현과 알맞은 그림을 연결해 보세요.

   a puddle

   b wear a raincoat

   c raindrops

B 빈칸에 알맞은 단어를 넣어 문장을 완성해 보세요.

   1 play outside on a rainy day

   2 in puddles

   3 catch raindrops

4 go out and play

C 한글을 영어로 바꿔 써보세요.

1 I like to play outside on a rainy day wearing a raincoat.

2 I can play with my water toys in puddles.

3 I can catch raindrops on my tongue.

4 When it rains tomorrow, I will go out and play.

D 비가 오는 날 하기 좋은 것에 대해 자신만의 글을 써보세요.

(Write your own answer.)

 Unit 50 **With My Family**

A 영어 표현과 알맞은 그림을 연결해 보세요.

a birds and flowers

b forest

c go camping

B 빈칸에 알맞은 단어를 넣어 문장을 완성해 보세요.

1 go camping in the forest

2 cook food together

3 many birds and flowers

4 during the summer vacation

C 한글을 영어로 바꿔 써보세요.

1 I want to go camping in the forest with my family.

2 In the forest, we can cook food together.

3 We can also see many birds and flowers.

4 I hope to go camping during the summer vacation.

D 가족들과 함께 하고 싶은 일에 대해 자신만의 글을 써보세요.

(Write your own answer.)

A 영어 표현에 알맞은 뜻을 연결해 보세요.

1 go for a walk - 산책을 가다

2 do my homework - 숙제를 하다

3 ride a bike - 자전거를 타다

4 run away - 달아나다

5 police officer - 경찰관

6 gravity - 중력

B 의미에 맞게 단어의 순서를 알맞게 배열해 보세요.

1 I can catch raindrops on my tongue.

2 I feel like a superhero when I wear it. / When I wear it, I feel like a superhero.

3 If I meet one, I would run away.

4 I can have more responsibility for taking care of her.

C 다음 문장에서 틀린 부분을 고쳐 쓰세요.

1 All my friends <u>have</u> <u>their</u> computers.

2 <u>It</u> only <u>takes</u> 3 minutes to prepare.

3 I <u>want</u> to <u>visit</u> a water park in summer.

4 He <u>helps</u> people <u>like</u> a police officer.

D 의견이나 결론에 알맞은 이유를 찾아 기호를 써보세요.

1 d   2 b   3 c   4 a

Memo

Memo